國家社科基金重大委托項目“《子海》整理與研究”成果

山東省社科規劃重大委托項目成果

子海精華編

主編　王承略　聶濟冬

文中子中説

（隋）王通 著　（宋）阮逸 注　秦躍宇 點校

鳳凰出版社

圖書在版編目（CIP）數據

文中子中説 / （隋）王通著 ；（宋）阮逸注 ；秦躍宇點校. -- 南京 ：鳳凰出版社，2017.10（2023.4重印）
（子海精華編 / 王承略主編）
ISBN 978-7-5506-2678-2

Ⅰ. ①文… Ⅱ. ①王… ②阮… ③秦… Ⅲ. ①古典哲學－中國－隋代 Ⅳ. ①B241.11

中國版本圖書館CIP數據核字(2017)第245778號

書　　名	文中子中説
著　　者	(隋)王通 著　(宋)阮逸 注　秦躍宇 點校
責任編輯	王清溪
出版發行	鳳凰出版社(原江蘇古籍出版社) 發行部電話025-83223462
出版社地址	江蘇省南京市中央路165號,郵編:210009
照　　排	江蘇鳳凰製版有限公司
印　　刷	江蘇揚中印刷有限公司 江蘇省揚中市大全路6號,郵編:212212
開　　本	890毫米×1240毫米　1/32
印　　張	4.5
字　　數	94千字
版　　次	2017年10月第1版
印　　次	2023年4月第2次印刷
標準書號	ISBN 978-7-5506-2678-2
定　　價	28.00圓

國家社科基金重大委托項目“《子海》整理與研究”成果之一

《子海精華編》

工作委員會

主　　任：樊麗明　孫守剛

副 主 任：李建軍　胡金焱　張建康　周　斌

委　　員（按姓氏筆畫排列）：

王　飛　王君松　王學典　方　輝　巴金文　邢占軍

杜　福　李平生　李劍峰　佘江濤　孫鳳收　陳宏偉

劉丕平　劉洪渭

編纂委員會

學術顧問：安平秋　周勛初　葉國良　林慶彰　池田知久

總 編 纂：鄭傑文（首席專家）　王培源

副總編纂：王承略　劉心明

委　　員（按姓氏筆畫排列）：

王　瑋　王　震　王小婷　王國良　李　梅　李士彪

李玉清　何　永　宋開玉　苗　菁　林日波　郝潤華

姜　濤　姜小青　馬慶洲　秦躍宇　高海安　陳元峰

黄懷信　張　兵　張曉生　單承彬　蔡先金　漆永祥

鄧駿捷　蘭　翠　竇秀豔

審稿專家：周立昇　鄭慶篤　王洲明　吴慶峰　林開甲　張崇琛

唐子恒　徐有富　晁岳佩

執行主編：王承略　聶濟冬

執行編纂(按姓氏筆畫排列):
王成厚　王　娜　尹思琦　曲娟娟　李　兵　宋恩來
苗　露　柏　雲　柳湘瑜　張雨霏　賈　兵　蘇運蕾
編　　務:張　櫻　劉　端　孫紅苑　沈　虎
本书審稿專家:吴慶峰

《子海精華編》出版説明

“子海”，即“子書淵海”的簡稱。“《子海》整理與研究”課題係國家社科基金重大委托項目、山東省社科規劃重大委托項目。該課題分《珍本編》、《精華編》、《研究編》、《翻譯編》四個版塊，力圖把子部珍稀文獻、精華文獻進行深層次的整理、研究和譯介，挖掘子部文獻的價值，促進子學研究的發展。

山東大學向來以文史見長。古籍整理與子學研究，是其中的傳統研究方向。“《子海》整理與研究”，是在山東大學前輩學者高亨先生積 30 年之力陸續做成的《先秦諸子研究文獻目録》的基础上，由已故著名古籍整理與研究專家董治安先生參與策劃、設計的大型綜合研究課題。課題立項後，得到了中宣部、教育部、財政部、山東省政府和山東大學的大力支持，學界同仁踴躍參與。《精華編》的整理研究團隊近 200 人，來自海内外 48 所高校和研究機構。在組織管理上，《精華編》努力探索傳統文化研究協同創新的新體制、新機制，現已呈現出活力和實效。

華夏文明是由多元文化構築而成的。中國古代子部典籍，以歷代士人個性化作品的形式，系統性地展示了華夏民族的世界觀和方法論，立體性地反映了中華民族對世界文明發展的貢獻。其中，無論是宏篇大論，還是叢殘小語，都激蕩著歷史的聲音，閃爍著智慧的光芒，構成中國古代思想、藝術、科技和生活方式的主體内容。《精華編》通過對子部最优秀的典籍的整理，一方面擷英取粹，爲華夏文明的傳播提供可靠的資源和文本；另一方面以古鑒今，爲當下社會的發展提供智力支持和精神支撑。并希望進而梳理中華傳統文化的多元結構，繼承中華優秀傳統文化的一貫文脈。

根據漢代以後子學發展和子部典籍的實際情況，參照官私目録的分類與著録，《精華編》選取先秦諸子、儒學、兵家、法家、農家、醫家、曆算、術數、藝術、雜家、小説家、譜録、釋道、類書等十四個類目的要籍幾百種，編爲目録，作爲整理的依據，而在成果展現上則不出現具體的類目。爲統一體例，便於工作，《精華編》編有詳細的《整理細則》，并有簡明的《整理要則》，供整理者遵循使用。

《精華編》整理原則是，對每種子書的整理，突出學術性、資料性和創新性，力求吸納已有的整理成果，推出更具參考價值、更方便閱讀的整理文本。所採用的整理方式，大體有三種：一、部頭較大且前人未曾整理者，採用標點、校勘的方式整理；二、前人曾經標點、校勘者，或採用抽换更好或别具學術特色底本的方式整理，或採用集校、集注的方式整理，或採用校箋、疏證的方式整理，或綜合使用以上方式；三、前人已有較好的注本者，則採用集注、彙評、補正等方式整理。

《精華編》採用五次校審、遞進推動的管理程式，即：一、初校全稿。子海編纂中心組織碩、博研究生，修改文稿錯别字，規範異體字，調整格式，發現并標明校點中的不妥之處。二、初審文稿。子海編纂中心的編纂人員根據情況，解決初校時發現的問題，并判斷書稿的整體質量。三、匿名評審。

聘請資深教授通審全稿，全面進行學術把關，消滅硬傷，寫出審稿意見。四、修改文稿。子海編纂中心及時把專家審稿意見反饋給整理者。整理者根據審稿意見修改，做出新文稿。五、終審文稿。待新文稿返回子海編纂中心後，總編纂作最後的學術質量把關。五步程序完成後，將文稿交付出版社。

五次校審的目的是爲了保證學術質量，提高整理水平，減少錯訛硬傷。但校書如掃塵埃落葉，隨掃隨有，《精華編》雖經多道程序嚴加把關，仍難免有錯，懇請方家不吝指教。子海編纂中心將及時總結經驗，吸取教訓，把工作做得更好，以實現課題設計的初衷。

目　録[1]

---

① “雙鑒樓本”無目録，取瑟堂本、世德堂本與四庫薈要本有目録，但其中卷十《關朗篇》之末所附《叙篇》、《文中子世家》、《録唐太宗與房、魏論禮樂事》、《東皋子答陳尚書書》、《録關子明事》和《王氏家書雜録》等六篇附録，以及諸家跋語没有單列目録，此爲補做。

整理説明

文中子王通作爲隋代大儒，其生平事迹及著述交游情況，卻未見《隋書》與《新》、《舊唐書》有專傳記載。參考其他相關材料，可知王通家在隋河東郡龍門縣萬春鄉，即今山西萬榮縣通化鎮。王通生卒年問題，歷來學界憑其所據而各有其説，一般以爲生於隋開皇四年(584)，卒於隋大業十四年即唐武德元年(618)。王通家族累世爲宦，家傳儒學，淵源深厚，其本人受學較早，三歲識字而少年聰慧。開皇九年(589)，隋滅陳平定江南，即王通十歲之時，其父銅川府君王隆告以《元經》之事。開皇十八年(598)，王通始有四方之志，負笈遠游，先後受《書》於東海李育，學《詩》於會稽夏珙，問《禮》於河東關子明，正《樂》於北平霍汲，考《易》於族父仲華，前後六年間"不解衣"而苦學。隋文帝仁壽三年(603)，王通及冠，有濟蒼生之志，西游長安，大約此時得秀才高第；見隋文帝，獻奏《太平十二策》，其説尊王道，推霸略，稽今驗古，使文帝大悦而下其議於公卿，因公卿皆不悦，終未獲賞識見用。時隋王室内部權勢鬥爭激烈，王通預見其將有蕭牆之釁，知自我理想不可實現，遂作《東征》之歌而歸鄉。帝聞而再徵之，不就。對朝廷失去信心的王通歸而講學於河汾之間，將其王道理想付諸聚徒授業和研治儒學的著書事業。仁壽四年(604),楊廣果弑文帝而繼帝位。大業元年(605),煬帝徵之,王通以疾推辭不至,隱居於北山白牛溪,開始續述六經,研究寫作,續《詩》、《書》,正《禮》、《樂》,修《元經》,贊《易》道。著述講學期間,朝廷權臣仍想召其出仕,均被拒絕。大業八年(612)聞煬帝發動遼東之役,勞民喪師,王通慨嘆禍亂已經開啓,愈明天下時勢不可爲而絶意仕進。大業九年(613),續六經的著述工作歷時九年終告完成,門人學生一時大盛,文中子之教興於河汾,雍雍如也。同年,楊玄感反叛作難,遣人召王通預其事,爲王通謝絶。大業十四年(618),江都難作,隋煬帝被宇文化及所殺,而王通亦病篤,寢疾七日而終,享年三十五歲。門人弟子根據《周易》"黄裳元吉,文在中也"之意,請謚其號爲"文中子"。①

王通的著作主要有《太平十二策》、《續六經》和《中説》。《太平十二策》是王通晋見隋文帝時所上陳的政治方略,後曾編爲四卷,不過早已散佚。按《文中子世家》所言,《續六經》包括《續詩》、《續書》、《禮論》、《樂論》、《易贊》和《元經》六種,又被稱作《王氏六經》,共計有八十卷。今各經都已經亡佚,《元經》雖然有宋阮逸刊印本流傳,不過此書其實早已不存,《新》、《舊唐書》均未著録,《崇文總目》也無記載,歷代學人多以爲是一部僞書,且僞造者很可能就是阮逸。現在傳世較爲可靠的研究王通思想的唯一著作,就是記録其言行而由其門人弟子整理成的《中説》。

《中説》以《論語》爲模本,欲像孔子那樣,通過聚徒講學發揚光大儒家思想,以期在彼時經學衰落、玄學與佛學興盛

---

① 參見杜淹《中説·文中子世家》與司馬光《文中子補傳》。

的背景下，申述聖訓，闡明王道，進而重振孔子大業。《中説》十卷，包含王通思想，大致而言有政治、哲學、倫理等論説以及歷史、文學等。在政治思想方面，主張“明王道”，行仁政，對南北朝和隋代的暴政虐行大力抨擊。在批判的基礎上寄托自己的理想，尋找王道復興之路，表達了王通堅信王道必興并以爲己任奮鬥終身的信念。重建王道政治必須實行仁政，其仁政觀點與隋唐之前的動亂社會狀況息息相關，具體到實施原則并非只是孔孟教條的生搬硬套。面對晋宋以來儒、釋、道三教鬥爭日趨激烈而儒學式微的現實危機，王通在強調努力振興儒學的同時，第一個站在儒學立場，明確提出以“三教可一”的觀點調和彼此之間的矛盾，開闢了儒學在唐宋時代的發展新方向。

在哲學思想方面，王通關注的核心是天人關係。他認爲天、地、人三才具有同樣不可替代的重要性，批判了天命論的讖緯迷信之説。在確認事物發展變化存在客觀規律的基礎上，他要求人們順應自然，尊重規律，乘時而動，打破漢代以來“天人感應”思想傳統，提高了人的主體地位，形成了樸素唯物主義的天人觀和辯證法思想，認識到事物矛盾對立的同時又互相滲透轉化，彼此之間相互依存相互利用。這是對老子思想的繼承和發揚。面對隋末弊病叢生的社會，王通關於運動變化的哲學認識，成爲指導政治革新的思想基礎。他分析社會變化規律云“通變之謂道，執方之謂器”（《周公篇》），且通變的實踐效果在於主體能否依據天時地利應時而動。王通認爲没有生而知之的聖人，人類依賴其自身存在的思維認知能力，能夠通過後天學習實現“明道”、“進道”并付諸行動。這實際是把認知思維納入封建道德修養的軌道，成爲宋明理學認識論演進的先驅。

在倫理思想方面,《中説》各篇章有比較豐富的材料,論説了道德修養的必要性,提出了“窮理盡性”的修養方法,認爲“窮理盡性以至於命”應當先“知命”,再“窮理”,後“盡性”。同時,還要求人們“正心”即敬慎戒懼,“思過”即聞過即改;主張寡言無爭,鍛煉“過静”的修養功夫;主張存道義而去利欲,努力“復禮”以規範思想行爲,維護封建統治新秩序,實現王道政治。

在歷史發展觀上,王通以進化觀點取代了董仲舒爲代表的天命史觀。他認爲上古堯舜之治不必盲目尊崇,而後世社會具體情況與過去的時代各有長短,甚至提出了“來者勝昔”、“天命不于常,惟歸乃有德”和尊道不尊帝的新主張。這是認爲社會歷史的主宰不在於天和帝,而在於聖人之道與周孔之德,即王道仁政這些道德因素才是決定因素。王通以道德史觀取代天人感應史觀,反映的是歷史進步的潮流,宋明理學的天理史觀便有受其影響的一面。

在文學方面,王通論文主理,論詩主政教之用,論文辭主約、達、典、則,主張改革文風。

我們知道,《中説》十卷的劃分以及各章標題,并非出自王通本人之手,但那些記載王通及門人弟子問答以及游學師友交流的文字,確實基本可以反映王通的思想學説,反映隋末唐初士人的思想狀況。儒學正統地位的弱化在隋代統一之後亟待修正,王通的《中説》,在當時儒釋道合流背景之下,確有其先進性與開創性。後世以“河汾道統”贊譽其影響廣泛深遠,正是突出了《中説》義理不同於兩漢今古文經學章句訓詁的革新意義,而王通也由之在儒學發展史上,被視作從漢晋經學向宋明理學過渡的關鍵人物。四庫館臣總結《中説》思想時,擯斥王通是“儒風變古”的罪魁先驅,更從反面證明了該書在魏晋隋唐乃至宋明學術演變過程中的變革意義。後世儒者論述周孔旨意,就曾多次引述了文中子之説。

《中説》這部著作形式模仿《論語》,其編纂成書的過程也類似於《論語》,是在門人弟子的記録以及後人追記的基礎之上整理形成。北宋時期,流行於世的《中説》至少有兩種版本,一種由阮逸刊印注釋并作序,其流傳至今可見的最早刻本是江安傅氏雙鑒樓所藏之本,亦即本書校勘所采用之底本;另一種是由龔鼎臣刊印注釋之本,不過龔本失傳已久,僅見零星資料。阮逸在《序》中自述其根據家藏古編整理作注,然而有學者對比之後發現,《中説》文中多處謬誤包括明顯與史實不符且自相牴牾之處,多數出自阮逸自己臆造。後人研究認爲阮逸其實并無家傳秘藏善本,只是炫言以取信世人。就文字内容而言,龔本自謂得唐本於齊州李冠家,將阮本對照後人轉引龔本零散資料,可證阮本多脱漏謬誤而不及龔本。此外,南宋陳亮《類次文中子引》説,其曾經在對照阮本與龔本異同之外,有過按内容分類重新編排的十六篇版本,以爲王氏正本清源,不過今亦不存。

本書選擇的底本是江安傅氏雙鑒樓所藏宋刻本(簡稱“雙鑒樓本”),該本收入“中華再造善本”影印行世,由北京圖書館出版社 2003 年 9 月出版。另有民國十二年(1923)上海商務印書館涵芬樓影印出版,編之於《續古逸叢書》之十六,題名作《宋本文中子中説》。“雙鑒樓本”爲北宋刻本,依據文中避諱字“玄”、“炫”、“泫”、“絃”、“徵”、“貞”、“恒”、“敬”、

“境”、“竟”、“弘”、“殷”等分析，大約刻印時間在北宋中期真宗年間，此爲見於著録之最早刻本。該本版式爲左右雙邊，上下單邊，半頁十四行二十七字，注雙行三十四字，白口上單魚尾。正文前有明末葉林宗序，言其購書來源，後有錢謙益手跋、清代陳衍（石遺老人）跋和近人俞陛雲等跋語。

本書選擇的校本之一，是常熟瞿氏鐵琴銅劍樓藏宋隱士王氏取瑟堂刻本（簡稱“取瑟堂本”），該本由上海商務印書館涵芬樓收入《四部叢刊》初編子部，在民國八年（1919）影印出版，并於民國十八年（1929）重印。該本版式爲左右雙邊，上下單邊，半頁十一行二十字，白口雙魚尾，阮逸序後爲篇目，篇目末欄内黑框刻“隱士王氏取瑟堂刊”。清葉德輝《書林清話》根據“取瑟堂本”文中減筆避諱字，指出這是南宋初刻本。

本書選擇的校本之二，是明代嘉靖年間吴郡顧氏世德堂刊“六子本”之《中説》（簡稱“世德堂本”），該本曾經廣爲流行。清光緒二年（1876），浙江書局根據嘉靖世德堂《六子書》本重新校刻輯入《二十二子》。上海古籍出版社以《二十二子》本爲底本加以斷句，收入“諸子百家叢書”於 1989 年 3 月影印出版。該本版式爲四周單邊，半頁十八行二十一字。

本書選擇的校本之三，是清乾隆四十二年（1777）九月完成，藏於坤寧宮後御花園内“摛藻堂”的《欽定四庫全書薈要》本（簡稱“四庫薈要本”）。該本爲四庫館臣抄本，因是在《四庫全書》中擷其菁華繕爲薈要僅供皇帝御覽，故其書品精美字迹清爽，且内容真實少經删篡，校勘翔實較少錯謬。相對完成於乾隆四十六年（1781）九月的文淵閣本《四庫全書》而言，“四庫薈要本”爲優。該書原本現藏於臺北“故宮博物院”，1985 年臺灣世界書局曾將此本影印出版，2005 年 5 月吉林出版集團有限責任公司首次在大陸影印出版。該本版式爲四周雙邊,半頁八行二十一字,花口上單魚尾。正文前除有阮逸序,還附有四庫館臣所作“提要”,此本提要不盡同於《四庫全書》本的“提要”,雖内容大同小異而文字篇幅顯得更爲精省賅要。

以上四種版本,分别代表了北宋、南宋、明代與清代的《中説》印行刊刻狀態和發展軌迹。總體而言,“雙鑒樓本”不僅是現存最早,也是最爲接近原書意旨且較少錯謬的善本。例如阮逸序中有注云“叔達依遷《史》撰《隋書》”,“撰”字,“取瑟堂本”、“世德堂本”與“四庫薈要本”皆作“人”,其意頗爲費解,今人研究遂有説“人”疑當作“入”字,其實郢書燕説,致人迷途,而觀“雙鑒樓本”原文則此處句意豁然開朗。不過,“雙鑒樓本”缺少其他校本卷十皆附有的《王氏家書雜録》一篇。其他三種校本都存在比較多的文字衍脱訛誤情況,“取瑟堂本”雖爲南宋初的刻本,但是從其版本錯訛叢生甚至有些明顯乖離文意等來看,大約爲一般的書商坊間刻本。例如第四卷《周公篇》小注“開皇中表乞興學校”,其中“乞”字唯有該本不同於其他三個版本誤作“已”字。又如第二卷《天地篇》小注“非應天順人則禍而已”,其中“人”字也是唯有該本脱漏。“世德堂本”雖然也有一些繼承“取瑟堂本”的訛誤,但相較而言其版本價值可謂僅次於“雙鑒樓本”。其中偶有一些訛誤雖不多見,卻也説明該本確實存在着問題,例如第一卷《王道篇》小注“太宗治平,歲示斷死罪二十餘人”,其中“示”字唯獨“世德堂本”脱漏。又如第四卷《周公篇》小注“心至誠,雖未言,人已知其必信矣”,其中“雖”字只有“世德堂本”誤作“維”字。至於浙江書局的“二十二子本”,雖云根據嘉靖“世德堂本”精刻精校，且多被稱作通行的“好本子”，對校之下其實訛誤脱倒妄增許多，基本上“取瑟堂本”的訛誤都被沿襲了，并且還横生諸多其他版本所没有的刻書錯誤。其中最甚者，例如第八卷《魏相篇》小注“上文云權義舉而皇極立”之下，脱漏“董常推此”到“義小權大”共 21 字。因此，駱建人引述錢基博觀點判斷“《中説》一書，浙江書局仍橅世德堂刻本，而未若他書之有所謂清儒讎校本也”[①]。“四庫薈要本”除了《四庫全書》固有的華夷嫌諱故意改竄，例如第四卷《周公篇》“越舟而不車，胡發而不冠，古者夷不亂華”中的“夷不亂華”改作“事必從宜”，其他“取瑟堂本”與“世德堂本”出現的訛誤亦有不少繼承。除此而外，“四庫薈要本”仍有不少能够認真校勘恢復原書文字之處，其第四卷與第八卷卷末均附有十幾條四庫館臣“謹案”的正文校改説明。

另外，本书參考了文本整理研究方面的最新學術成果，即中華書局 2013 年 7 月出版的張沛撰《中説校注》，該書收入《新編諸子集成續編》。《中説校注》按作者書前《凡例》介紹所用版本，是“以《續古逸叢書》本爲底本，以《四部叢刊》本與《六子》本爲主要校本，同時借鑒前人成果，如俞樾《諸子評議》等”[②]。張沛選擇的工作底本是北宋善本《續古逸叢書》本即“雙鑒樓本”，選擇的對校本是《四部叢刊》本即“取瑟堂本”和《六子》本即“世德堂本”。流傳已久的阮注文字主要致力注釋人物和史料鈎沉但過於簡單，張沛《中説校注》則在校勘文字的基礎上對原文做了詳盡訓詁、考證、注釋等工作，其

① 駱建人《文中子研究》，臺灣商務印書館 1990 年版，第 244 頁。
② 王通著，張沛撰《中説校注》，北京中華書局 2013 年版，第 1 頁。

凡與阮注看法不合者給出己見,凡係明顯化用《論語》表述者給出《論語》文句。其書後另附的《歷代評論輯要》,按作者生活時代爲序輯録了唐代至今重要的《中説》評論研究資料,很是便於當今學者檢索利用。

序

阮　逸

周公，聖人之治者也，後王不能舉，則仲尼述之，而周公之道明。仲尼，聖人之備者也，後儒不能達，則孟軻尊之，而仲尼之道明。文中子，聖人之修者也，孟軻之徒歟，非諸子流矣。蓋萬章、公孫丑不能極師之奥，盡録其言，故孟氏《章句》略而多闕。房、杜諸公，不能臻師之美，大宣其教，故王氏《續經》抑而不振。

《中説》者，子之門人對問之書也，薛收、姚義集而名之。唐太宗貞觀初，[1]精修治具，文經武略，高出近古。若房、杜、李、魏、二温、王、陳輩，迭爲將相，實永三百年之業，斯門人之功過半矣。貞觀二年，[2]御史大夫杜淹始序《中説》及《文中子世家》，未及進用，爲長孫無忌所抑，[3]而淹尋卒，故王氏經書，散在諸孤之家，代莫得聞焉。二十三年，太宗没，子之門人盡矣，惟福畤兄弟福畤，文中子幼子。[4] 傳授《中説》於仲父

---

① “貞”，原作“正”，避宋仁宗“趙禎”諱，回改。下同。

② “年”下，取瑟堂本、世德堂本與四庫薈要本有注“觀，去聲”字。

③ “抑”下，取瑟堂本、世德堂本與四庫薈要本有注“長，上聲”字。

④ “子”下，取瑟堂本、世德堂本與四庫薈要本有“畤，音止”字。

凝，始爲十卷。今世所傳本，文多殘缺，誤以杜淹所撰《世家》爲《中説》之序。杜，貞觀二年卒，[①]今世所傳本，乃貞觀二十三年序。又福時於仲父凝得《關子明傳》，凝因言關氏卜筮之驗，且記房、魏與太宗論道之美，亦非《中説》後序也。蓋同藏緗帙，[②]卷目相亂，遂誤爲序焉。逸家藏古編，尤得精備，亦列十篇，實無二序。以意詳測，[③]《文中子世家》乃杜淹授與尚書陳叔達編諸《隋書》而亡矣。叔達依遷《史》撰《隋書》，今亡。關子明事，具於裴晞《先賢傳》，今亦無存。故王氏諸孤痛其將墜也，因附于《中説》兩間，且曰："同志淪殂，[④]帝閽悠邈，文中子之教，鬱而不行。吁，可悲矣。"此有以知杜淹見抑而《續經》不傳，諸王自悲而遺事必録，後人責房、魏不能揚師之道，亦有由焉。夫道之深者，固當年不能窮；功之遠者，必異代而後顯。方當聖時，人文復古，則周、孔至治大備，得以隆之。昔荀卿、揚雄二書，尚有韓愈、柳宗元删定，李軌、楊倞注釋，[⑤]況文中子非荀、揚比也，豈學者不能伸之乎？是用[⑥]覃研藴奥，引質同異，爲之注解，以翼斯文。夫前聖爲後聖之備，古文乃今文之修，未有離聖而異驅，捐古而近習，而能格于治者也。皇宋御天下，尊儒尚文，道大淳矣，修王削霸，政無雜矣，抑又跨唐之盛，而使文中之徒遇焉。彼韓愈氏力排

---

① "二"，原作"三"，據四庫薈要本改。按，《舊唐書·杜淹傳》載其卒於貞觀二年十月。

② "帙"下，取瑟堂本、世德堂本與四庫薈要本有注"緗，音相。帙，直質反"字。

③ "意"，世德堂本與四庫薈要本作"章"。

④ "殂"下，取瑟堂本、世德堂本與四庫薈要本有注"殂，音徂"字。

⑤ "釋"下，取瑟堂本、世德堂本與四庫薈要本有注"倞，其亮反"字。

⑥ "用"，原作"月"，據取瑟堂本、世德堂本與四庫薈要本改。

異端，儒之功者也，故稱孟子能拒揚、墨，而功不在禹下。[1]孟軻氏，儒之道者也，故稱顔回謂與禹、稷同道。愈不稱文中子，其先功而後道歟？猶文中子不稱孟軻，道存而功在其中矣。唐末司空圖嗟功廢道衰，乃明文中子聖矣。五季經亂，逮乎削平，則柳仲塗宗之於前，孫漢公廣之於後，皆云聖人也，然未及盛行其教。噫，知天之高必辯其所以高也，子之道，其天乎？天道則簡，而功密矣。門人對問，如日星麗焉，雖環周萬變，不出乎天中，今推策揆影，庶仿佛其端乎！

大哉，中之爲義！在《易》爲二五，在《春秋》爲權衡，在《書》爲皇極，在《禮》爲中庸。謂乎無形，非中也；謂乎有象，非中也。上不蕩於虛無，下不局於器用，惟變所適，惟義所在，此中之大略也。《中説》者，如是而已。李靖問聖人之道，子曰："無所由，亦不至於彼。"又問彼之説，曰："彼，道之方也，必也無至乎！"魏徵問聖人憂疑，子曰："天下皆憂疑，吾獨不憂疑乎？"退謂董常曰："樂天知命，吾何憂？窮理盡性，吾何疑？"舉是深趣，可以類知焉。或有執文昧理，以模範《論語》爲病，[2]此皮膚之見，非心解也。逸才微志勤，曷究其極？中存疑闕，庸俟後賢。仍其舊篇，分爲十卷，謹序。

---

① "在"，世德堂本作"枉"。

② "模"，原作"摸"，據取瑟堂本、世德堂本與四庫薈要本改。

卷一　王道篇

阮逸　注

文中子曰："甚矣，王道難行也。吾家頃銅川六世矣，上黨有銅堤縣。未嘗不篤於斯，斯文。然亦未嘗得宣其用，不遇時。退而咸有述焉，則以志其道也。志，記。蓋先生之述曰《時變論》六篇，其言化俗推移之理竭矣；江州府君之述曰《五經決録》五篇，其言聖賢製述之意備矣；晉陽穆公之述曰《政大論》八篇，其言帝王之道著矣；同州府君之述曰《政小論》八篇，其言王霸之業盡矣；安康獻公之述曰《皇極讜義》九篇，其言三才之去就深矣；銅川府君之述曰《興衰要論》七篇，其言六代之得失明矣。自先生至銅川，《文中子世家》言之備矣。《時變論》至《興衰要論》，今皆亡。六代，晋、宋、後魏、北齊、後周、隋也。余小子獲睹成訓，勤九載矣，大業九年，自長安歸，著《六經》，至九年功畢。服先人之義，稽仲尼之心，天人之事，帝王之道，昭昭乎！因祖德考聖師而明。"

子謂董常曰："吾欲修《元經》，稽諸史論，不足徵也，[1]董常，字履常，弟子亞聖者。《元經》，《春秋》異名也，義包五始，故曰《元經》。史論，謂歷代史臣於紀傳後贊論之類是也。吾得《皇極讜義》

---

① "徵"，原字缺末筆，避宋仁宗"趙禎"諱，回改。下同。

焉。去就適中，權衡褒貶。吾欲續《詩》，考諸集記，不足徵也，前賢文集所記。吾得《時變論》焉。化俗推移，以正風雅。吾欲續《書》，按[①]諸載録，不足徵也，史官載言所録。吾得《政大論》焉。王言大道，其制明白。"董常曰："夫子之得，蓋其志焉。非以文體。"子曰："然。"

子謂薛收曰："昔聖人述史三焉：薛收字伯褒，隋内史道衡之子。昔聖，謂孔子。其述《書》也，帝王之制備矣，故索焉而皆獲；史有記言，求言則制度得矣。[②] 其述《詩》也，興衰之由顯，故究焉而皆得；史有明得失，窮政化則《詩》明矣。其述《春秋》也，邪正之迹明，故考焉而皆當。史有記事，稽邪正則法當矣。此三者，同出於史而不可雜也，故聖人分焉。載言，載事，明得失，皆史職也。職同體異，故曰分。"

文中子曰："吾視遷、固而下，述作何其紛紛乎！《史記》、《漢書》而下，文體相模無經制。紛紛，多且亂。帝王之道，其暗而不明乎！天人之意，其否而不交乎！制理者參而不一乎！陳事者亂而無緒乎！四者由紛亂故。"

子不豫，屬疾。聞江都有變，大業十三年，煬帝幸江都宫，宇文化及弑逆。泫然而興曰："生民厭亂久矣，自漢末亂至隋。[③] 天其或者將啓堯舜之運，吾不與焉，命也。唐太宗行堯舜之道，而文中子已死。"

文中子曰："道之不勝時久矣，吾將若之何？"自孔子、孟軻已來不勝時，故曰久矣。董常曰："夫子自秦歸晋，宅居汾陽，然

---

① "按"，原作"桉"，據取瑟堂本、世德堂本與四庫薈要本改。
② "矣"，取瑟堂本與世德堂本作"失"。
③ "隋"下，取瑟堂本、世德堂本與四庫薈要本有"○泫，胡畎反"字。

後三才五常各得其所。秦，長安，隋都也。晋，汾陽，子鄉也。三才五常，謂《續經》。"

薛收曰："敢問《續書》之始於漢，何也？"子曰："六國之弊，亡秦之酷，吾不忍聞也，又焉取皇綱乎？六國，燕王喜、魏王假、齊王建、楚王負芻、韓王安、趙王嘉也。亡秦，始皇也。秦竊皇之名，無綱紀之實。漢之統天下也，其除殘穢，與民更始，而興其視聽乎？變民耳目，使知有王道興。"

薛收曰："敢問《續詩》之備六代，何也？六代，注見上。"子曰："其以仲尼《三百》，始終於周乎！三百篇，周一代。"收曰："然。"子曰："余安敢望仲尼，然至興衰之際，未嘗不再三焉，故具六代始終所以告也。告，猶貢也，貢其俗於時君。"

文中子曰："天下無賞罰三百載矣，自晋惠帝永平元年至隋開皇十年，凡三百載。《元經》可得不興乎？言必興。"薛收曰："始於晋惠，何也？惠帝名衷，武帝子也，政由賈后，天下大亂，故《元經》起於此。"子曰："昔者明王在上，賞罰其有差乎？言不差。《元經》褒貶，所以代賞罰者也。其以天下無主而賞罰不明乎！晋惠猶無王。①"薛收曰："然則《春秋》之始周平、魯隱，其志亦若斯乎？周平王，幽王之子，王室衰微，東遷居洛。魯隱公，惠公之子，②平王同時。"子曰："其然乎？而人莫之知也。後人不知代行衰周之法。謂東周始王，讓國賢君，非也。"薛收曰："今乃知天下之治，聖人斯在上矣，天下之亂，聖人斯在下矣。周公上，仲尼下。聖人達而賞罰行，聖人窮而褒貶作，皇極所以復建，而斯文不喪也，春秋無經，行禮法之皇極。不其深乎？"再拜而出，以告董生。董生

① "王"，四庫薈要本作"主"。

② "子"，原作"平"，據取瑟堂本、世德堂本與四庫薈要本改。

曰:"仲尼没而文在兹乎!前聖、後聖,一也。"

文中子曰:"卓哉,周、孔之道!其神之所爲乎?孟子曰:"大而化之謂聖,①聖而不可知之謂神。②"順之則吉,逆之則凶。神在《易》中。"

子述《元經》皇始之事,嘆焉,後魏初年。門人未達。叔恬曰:王凝,字叔恬,子之弟也,爲御史,彈侯君集,爲長孫無忌所惡,出爲太原令,王氏家書稱太原府君。"夫子之嘆,蓋嘆命矣。《書》云:'天命不于常,惟歸乃有德。戎狄之德,③黎民懷之,三才其捨諸?'後魏德被黎民,亦天地命之也,人其捨之乎?"子聞之曰:"凝,爾知命哉!"

子在長安,楊素、蘇夔、李德林皆請見,楊素,字處道,煬帝時爲司徒,專朝政。蘇夔,字伯尼,善鍾律,隋樂多從夔議。李德林,字公輔,佐命掌軍書,爲儀同,頗自負。三人知文中子賢,來請謁見。子與之言,歸而有憂色。門人問子,子曰:"素與吾言,終日言政而不及化;上正下曰政,下從上曰化。夔與吾言,終日言聲而不及雅;知音爲聲,知德爲雅。德林與吾言,終日言文而不及理。修詞爲文,知道爲理。"門人曰:"然則何憂?"子曰:"非爾所知也。二三子皆朝之預議者也,預朝政。今言政而不及化,是天下無禮也;知正人,不知使人從。言聲而不及雅,是天下無樂也;知文音,不知和德。言文而不及理,是天下無文也。知華辭,不知實道。王道從何而興乎?吾所以憂也。禮壞,樂崩,文喪,天下可憂。"門人退,子援琴鼓《蕩》之什,《蕩》,傷周室大壞之詩也。天下蕩蕩,無

① "聖",取瑟堂本與世德堂本無此字。
② "而",四庫薈要本無此字。
③ "戎狄",四庫薈要本作"拓拔"。

綱紀文章。① 門人皆霑襟焉。哀隋將亡。②

子曰："或安而行之，聖人安仁。或利而行之，賢人利仁。或畏而行之，中人強仁。及其成功，一也，稽德則遠。功則同，而聖、賢、中人之德異。"

賈瓊門人，未見。習《書》至《桓榮之命》，《續書》有《桓榮之命》篇。榮，字春卿，漢光武太子傅。曰："洋洋乎，光、明之業，光武、明帝。天實監爾，能不以揖讓終乎？初，光武立東海王強爲太子，強讓其弟陽。陽立，是謂明帝。蓋天命授陽而使榮傅之，所以終讓成美也。"

繁師玄未見。將著《北齊録》，③以告子，李德林父子俱有《北齊書》，王邵有《北齊志》，師玄撮其要爲《録》。子曰："無苟作也。勿苟且表文詞而已。"

越公以《食經》遺子，子不受，曰："羹藜含糗，無所用也。"答之以《酒誥》及《洪範》三德。越公，楊素也。《食經》，淮南王撰，盧仁宗、崔浩亦有之。《酒誥》云："越小大邦用喪，亦罔非酒惟辜。"《洪範》三德云："臣無有作福作威玉食，其害于而家，凶于而國。"時素專政，故因答《食經》以戒之。

子曰："小人不激不勵，不見利不勸。勵、勸，皆勉也。"

靖君亮問辱。門人，未見。子曰："言不中，不中節。行不謹，不謹密。辱也。言行，榮辱之主也。"

子曰："化至九變，王道其明乎？變，變於道也。孔子曰"三年有成"，九成二十七年，僅必世之仁矣，故曰王道明。故樂至九變，而淳氣洽矣。樂，仁之聲也。"裴晞曰："何謂也？"晞，子之舅，傳未見。

---

① "章"下，取瑟堂本、世德堂本與四庫薈要本有"〇援，于春反"字。
② "亡"下，取瑟堂本、世德堂本與四庫薈要本有"霑，知廉反"字。
③ "玄"，原字缺末筆，避宋太祖始祖"趙玄朗"諱，回改。下同。

子曰："夫樂，象成者也。象成莫大於形而流於聲，王化始終所可見也。象成功而形容其德，一而變九，而成見王化之然。故《韶》之成也，虞氏之恩被動植矣，烏鵲之巢可俯而窺也，鳳皇何爲而藏乎？引古驗今。"

子曰："封禪之費，非古也，費，費耗國用也。三代已前，無此禮。齊桓公欲封太山禪梁甫，管仲言七十二君須得遠方珍貢乃可封禪，特設詞諫止耳，非典禮所載之實。徒以誇天下。其秦、漢之侈心乎？始皇東巡，上太山立石封祠，下禪梁甫，以頌秦德。漢武帝用齊人公孫卿言，封禪登仙，遂升中岳，又上太山封土，有玉牒，使方士求神仙千數，無驗而回。此皆誇侈以欺天下，非事天致誠之本。"

子曰："易樂者必多哀，輕施者必好奪。家國皆然。"

子曰："無赦之國，其刑必平。無幸免則不深犯。多斂之國，其財必削。既富侈，則用益耗。"

子曰："廉者常樂無求，貪者常憂不足。相反。"

子曰："杜如晦若逢其明王，於萬民其猶天乎？杜如晦，字克明，唐太宗時朝政、典章、文物皆杜所定。"董常、房玄齡、賈瓊問曰："何謂也？疑稱'天'太過。"子曰："春生之，夏長之，秋成之，冬斂之。父得其爲父，子得其爲子，君得其爲君，臣得其爲臣，萬類咸宜，百姓日用而不知者，杜氏之任，不謂其猶天乎！用無迹，物自化，天也。太宗治平，歲示斷死罪二十餘人，幾乎刑厝。粟斗三文，行道千里不齎粮。王道盛矣，非如天之效歟？吾察之久矣，目光惚然，心神忽然，恍惚，憂貌。此其識時運者，憂不逢真主以然哉！知隋運亡，又未遇太宗，所以恍忽憂也。"

叔恬曰："舜一歲而巡五岳，國不費而民不勞，何也？《書》稱四岳，此言五，舉成數歟？"子曰："無他，道也。兵衛少而徵求寡也。簡則用省。"

子曰："王國之有風，天子與諸侯夷乎？《黍離》列於《國風》，夷等也。誰居乎？居，音姬，《禮記》曰"何居"。幽王之罪也。幽王惑褒姒，廢申后，申侯弑之，周遂微。故始之以《黍離》，於是雅道息矣。王國十篇，《黍離》爲始。"

子曰："五行不相沴，則王者可以制禮矣；治臻皇極，則五行各叙，故禮行"皇極"也。① 四靈爲畜，則王者可以作樂矣。仁及飛走，則龜、龍、麟、鳳在沼藪，故樂形仁聲也。"

子游孔子之廟，漢已後，郡國立孔子祠。出而歌曰："大哉乎！君君、臣臣、父父、子子、兄兄、弟弟、夫夫、婦婦，夫子之力也。《春秋》行法，君父尊。《詩》序人倫，夫婦正。其與太極合德，神道并行乎！言無窮。"

王孝逸曰："夫子之道，豈少是乎？"孝逸，未見。夫子，謂文中子也。子曰："子未三復'白圭'乎？責言玷。天地生我而不能鞠我，父母鞠我而不能成我。成我者，夫子也。道不啻天地父母，通於夫子，受罔極之恩。《詩》云"欲報之德，昊天罔極"，言孔子生民之師，大於生我、鞠我者之恩。吾子汩彝倫乎！擬人必於其倫，不可汩亂，謙也。"孝逸再拜謝之，終身不敢臧否。

韋鼎請見，子三見而三不語，恭恭若不足。韋鼎，未見。不言，謂目擊道存。鼎出，謂門人曰："夫子得志於朝庭，有不言之化，不殺之嚴矣。不得其言，而得其志。"

楊素謂子曰："天子求善禦邊者，素聞惟賢知賢，敢問夫子？"子曰："羊祜、陸遜，仁人也，可使。祜，字叔子，晋欲平吴，以祜督荆州，祜綏懷吴人，吴之降者欲去則聽之。遜，字伯言，爲吴大將軍，攻晋襄陽，獲生口即還之。二賢皆仁。"素曰："已死矣，何可復使？

① "也"下，取瑟堂本、世德堂本與四庫薈要本有"沴，間計反"字。

不悟諷己。”子曰：“今公能爲羊、陸之事則可，如不能，廣求何益？通聞邇者悦，遠者來，折衝樽俎可矣，何必臨邊也？折，横也；衝，直也。麾兵横直，猶辯縱横，晏子用此。”

子之家，六經畢備，朝服祭器不假，不假借。曰：“三綱五常，自可出也。正家以正天下。”

子曰：“悠悠素餐者，天下皆是，王道從何而興乎？隋多無功食禄。”

子曰：“七制之主，其人可以即戎矣。《續書》有七制，皆漢之賢君，立文武之功業者，高祖、孝文、孝武、孝宣、光武、孝明、孝章是也。”

董常死，子哭於寢門之外。不可視猶子也，哭寢則太親，不可視猶朋友也，哭野則太疏，故折中於寢門之外。拜而受弔。知生者弔。彼弔我失其助，故拜之。

裴晞問曰：“衛玠稱‘人有不及，可以情恕；非意相干，可以理遣。’何如？玠，字叔寶，善談玄理，有“情恕”、“理遣”之論。”子曰：“寬矣。量寬而已。”曰：“仁乎？寬似仁。①”子曰：“不知也。仁道至大，非但寬。”“阮嗣宗與人談則及玄遠，未嘗臧否人物。何如？籍，字嗣宗，口不論人之過。”子曰：“慎矣。慎言而已。”曰：“仁乎？慎似仁。”子曰：“不知也。仁非止慎。”

子曰：“恕哉凌敬，②凌敬，未見。視人之孤猶己也。以己心爲人之心，曰恕。孟子曰“幼吾幼，以及人之幼”，是恕也。”

子曰：“仁者吾不得而見也，得見智者斯可矣；智者吾不得而見也，得見義者斯可矣。仁無爲而理，智達於未亂之前，義制於已然之後。如不得見，必也剛介乎？剛者好斷，介者殊俗。

---

① “似”，四庫薈要本作“以”。

② “敬”，原字缺末筆，避宋太祖祖父“趙敬”諱，回改。下同。

剛必果，介自異。”

薛收問至德要道，子曰：“至德，其道之本乎？要道，其德之行乎？行成德，德成道，德行成身，道施天下。《禮》不云乎，至德爲道本。《周禮·師氏》三德云。《易》不云乎，顯道神德行。《繫辭》云。”

子曰：“大哉，神乎所自出也！本諸身，曰自出。至哉，《易》也其知神之所爲乎！無體則無方。”

子曰：“我未見嗜義如嗜利者也。和而有宜曰義，反是曰利。”

子登雲中之城，漢雲中郡，唐延州。望龍門之關，河中有龍門縣。曰：“壯哉，山河之固！”賈瓊曰：“既壯矣，又何加焉？”子曰：“守之以道。險不可恃。”降而宿于禹廟，觀其碑首曰：“先君獻公之所作也，其文典以達。文未見。”

子見劉孝標《絶交論》曰：“惜乎，舉任公而毀也！任公於是乎不可謂知人矣。”劉峻，字孝標，性率多毀。時任昉死，有子東里冬衣葛裘，孝標作《絶交論》以譏任公之友，然又彰任公不知人耳。見《辯命論》曰：“人道廢矣。”峻又有《辯命論》，言管輅才高不遇，乃謂窮達由天，殊不由人。是不知命，廢人道也。

子曰：“使諸葛亮而無死，禮樂其有興乎？孔明言“普天之下，莫非漢民”，志在天下，非蜀而已。亮未死，必可功成治定。”

子讀《樂毅論》曰：“仁哉樂毅，善藏其用。智哉太初，善發其藴。”夏侯玄，字太初，著《樂毅論》，言不拔即墨及莒二城者，其志以天下爲心，非兼并齊國而已。仁哉，夫毅不屠城，善藏用也。智哉，美太初能發明毅之仁也。

子讀《無鬼論》曰：“未知人，焉知鬼？”阮瞻作《無鬼論》，謂可以辯幽明，蓋不知聖人不語之旨。①

---

① “旨”，取瑟堂本作“言”。

卷二　天地篇

阮逸　注

子曰："圓者動，方者静，其見天地之心乎。天圓動，地方静。人，動静之中也。中也者，心可見矣。"

子曰："智者樂，其存物之所爲乎？物之所存，我從而利之，故樂。仁者壽，其忘我之所爲乎？我忘厥功，物將自化，故壽。"

子曰："義也，清而莊。姚義，傳未見。清絜而端莊。靖也，惠而斷。李靖本名藥師，其舅韓擒虎，伏其善論兵，惠物而勇斷。威也，和而博。竇威，字文蔚，竇后從兄也，和容而博識。收也，曠而肅。薛收，體曠而志肅。瓊也，明而毅。賈瓊，通明而果毅。淹也，誠而厲。杜淹，字執禮，隋隱太白山，來學於子，誠慤而威厲。玄齡，志而密。房喬，字玄齡，隋彦謙之子也，志精而用密。徵也，直而遂。魏徵，字玄成，直道而遂行。大雅，深而弘。[①] 温大雅，字彦弘，量深而寬弘。叔達，簡而正。陳叔達，字子聰，陳宣帝之幼子也，簡静中正。若逢其時，不減卿相，然禮樂則未備。靖、彦博皆爲僕射，威爲内史令，淹爲御史大夫，玄齡爲司空，徵爲太師，大雅、叔達皆爲尚書，是皆卿相也。然各有二德而未成全才，故曰"禮樂未備"。"或曰："董常

---

① "弘"，原字缺末筆，避宋太祖父親"趙弘殷"諱，回改。下同。

何人也?”子曰:“其動也權,權,變,才也。其静也至,至,極,性也。其顔氏之流乎?動之微者,其庶幾乎。静之極者,其屢空乎?”

叔恬曰:“山濤爲吏部,拔賢進善,時無知者。身殁之後,天子出其奏于朝,然後知群才皆濤所進。如何?”子曰:“密矣。”山濤,字巨源,爲吏部典選十餘年,天下稱爲得士,然吏非吏,隱非隱,是密而已。曰:“仁乎?似忘所爲。”子曰:“吾不知也。”

李密見子而論兵。密,字法主,襲爵爲公,與楊玄感謀亂,自謂能兵。子曰:“禮、信、仁、義,則吾論之,孤、虚、詐、力,吾不與也。孤、虚,兵家之術。”

李伯藥見子而論詩,伯藥,字重規,德林子也,論南朝詩。子不答。伯藥退謂薛收曰:“吾上陳應、劉,下述沈、謝,魏應璩、劉公幹,梁沈約、謝靈運。分四聲八病,四聲韻起自沈約,八病未詳。剛柔清濁,各有端序,語健爲剛,旨婉爲柔,飄逸則清,①質實則濁。音若塤篪,塤,土音,剛而濁。篪,竹音,柔而清。《周禮·小師》掌塤,鋭上,平底,六竅。篪,横吹,七孔。而夫子不應我。其未達歟?”薛收曰:“吾嘗聞夫子之論詩矣,上明三綱,下達五常,風化夫婦,三綱之首也。吟咏情性,五常之本也。於是徵存亡,辯得失,故小人歌之以貢其俗,君子賦之以見其志,貢,告也。歌“緑竹”則知衛風,歌“板屋”則知秦俗。鄭六卿餞韓宣子,宣子曰:“吾以知鄭志。”聖人采之以觀其變,設采詩官。今子營營馳騁乎末流,齊、梁文,弊之末也。是夫子之所痛也。不答則有由矣。”

子曰:“學者博誦云乎哉,必也貫乎道;文者苟作云乎哉,必也濟乎義。學文本爲道義。”

---

① “婉”,取瑟堂本、世德堂本與四庫薈要本作“遠”。“飄”,取瑟堂本、世德堂本與四庫薈要本作“標”。

内史薛公見子於長安，退謂子收曰："《河圖》、《洛書》，盡在是矣，汝往事之，無失也。"薛道衡時爲内史侍郎，知文中子聖人，謂八卦九疇，盡則之矣。

子曰："士有靡衣鮮食而樂道者，吾未之見也。奢罕德。"

子謂魏徵曰："汝與凝，皆天之直人也，徵也遂，凝也挺，遂，果行也。挺，謂挺特。若并行於時，有用捨焉。遂行，挺執。"子謂李靖曰："凝也若容於時，則王法不撓矣。不撓曲。"

李靖問："任智如何？"子曰："仁以爲己任。小人任智而背仁，爲賊；盜亦有道。君子任智而背仁，爲亂。攻異端，害也。"

薛收問："仲長子光何人也？子光，字不耀，游于河東。人問者，書"老""易"二字爲對。王績有《仲長先生傳》。"子曰："天人也。"收曰："何謂天人？"子曰："眇然小乎，所以屬於人；曠哉大乎，獨能成其天。以形言之，則人；以道言之，則天。《禮》曰："安則久，久則天。""

賈瓊問君子之道，子曰："必先恕乎。"曰："敢問恕之説？"子曰："爲人子者，以其父之心爲心；孝則知父之慈。爲人弟者，以其兄之心爲心。悌則知兄之友。① 推而達於天下，②斯可矣。至孝近王，至悌近霸，推王道於天下，③可謂君子。"

子曰："君子之學進於道，濟天下。小人之學進於利。營一身。"

楚難作，使使召子，子不往，謂使者曰："爲我謝楚公，楊玄感襲封楚國公，舉黎陽叛，故曰"難作"。天下崩亂，非至公血誠不

---

① "悌"，取瑟堂本、世德堂本與四庫薈要本作"弟"。
② "於"上，取瑟堂本、世德堂本與四庫薈要本有"之"字。
③ "王"，原作"三"，據取瑟堂本、世德堂本與四庫薈要本改。

能安。苟非其道，無爲禍先。非應天順人，則禍而已。①”

李密問王霸之略，子曰：“不以天下易一民之命。易，爲輕易之易。一民至細也，不可以天下之大輕小民之命。”李密出，子謂賈瓊曰：“亂天下者，必是夫也。幸災而念禍，愛強而願勝，神明不與也。竟叛，②伏誅。”

子居家，雖孩孺必狎。不威。其使人也，雖童僕必斂容。不慢。

子曰：“我未見知命者也。命，天命也。德合於天，而心復於性，是謂知命。孔子五十而知天命。《孟子》曰：‘盡其心則知性，知性則知天。’《易》曰：‘窮理盡性，以至於命。’是則命非性，無能知者。文中子嘆知性者尚少，故曰未見知命者也。”

子曰：“不就利，不違害，不強交，不苟絶，四者，惟義所在。惟有道者能之。有道義。”

子躬耕，或問曰：“不亦勞乎？”子曰：“一夫不耕，或受其飢，且庶人之職也。舜在畎畝，志存大下。聖賢躬耕，蓋職其俗。亡職者，罪無所逃天地之間，吾得逃乎？不仕即農，四民何逃？”

子藝黍登場，歲不過數石，以供祭祀、冠、婚、賓客之酒也，成禮則止。子之室，酒不絶。用有節，禮不闕。

薛方士問葬，方士，未見。子曰：“貧者斂手足，富者具棺槨，孔子謂子路曰‘斂手足形而葬’，顔回有棺無槨。封域之制無廣也，古不封不樹，孔子謂不可不志也，故封之，後代因有丈尺之制。不居良田。妨農。古者不以死傷生，不以厚爲禮。帝王陵惟漢文及唐太宗無珍寶，盜不發。”

---

① “而”，世德堂本與四庫薈要本無此字。

② “竟”，原字缺末筆，避宋太祖祖父“趙敬”諱，回改。下同。

陳叔達問事鬼神之道，子曰："敬而遠之。敬，謂不敢無之。遠，謂不敢有之。"問祭，子曰："何獨祭也？亦有祀焉，有祭焉，有享焉，三者不同，古先聖人所以接三才之奧也。周禮：祭天曰祀，祭地曰祭，祭宗廟曰享。異其名，言神道幽奧，禮宜分也，分而接之則配天，而天人統和。達兹三者之説，則無不至矣。祭多名，不出三才之奧耳。"叔達俯其首。因問祭得天人之道，故俯首，思之甚。

子曰："王猛有君子之德三焉，其事上也密，其接下也温，其臨事也斷。猛，字景略，爲符堅相。議赦而青蠅泄之，密矣；兵至鄴而遠近恬然，温矣；先黜尸素，然後舉賢，斷矣。"

或問蘇綽，子曰："俊人也。"曰："其道何如？"子曰："行於戰國可以強，行於太平則亂矣。"蘇綽，字令綽，後周文帝時爲尚書，掌機密，長於算術申韓之學，俊於用法，①非正道，故云太平則亂。問牛弘，子曰："厚人也。"牛弘，字里仁，隋文時作相，宣敕而口不能言，時稱其質重，故曰厚人。

子觀田，魏徵、杜淹、董常至。子曰："各言志乎？"徵曰："願事明王，進思盡忠，退思補過。"直而遂，好諫。淹曰："願執明王之法，使天下無冤人。"誠而厲，常好平刑。常曰："願聖人之道行於時，其動權。常也無事於出處。"其静至。子曰："大哉，吾與常也。"可與權，可與至，其道入性命矣。

子在長安，曰："歸來乎，今之好異輕進者，率然而作，無所取焉。仁壽四年，在長安謁文帝，見公卿異端輕率，文辭不根道義，苟媚其主使無所取治焉，遂歸。"

子在絳，絳州。程元者因薛收而來，元，門人，未見。子與之言六經。元退，謂收曰："夫子載造彝倫，一匡皇極。微夫子，

---

① "俊"，取瑟堂本、世德堂本與四庫薈要本作"厚"。

吾其失道左見矣。晋尚虚言，至南朝淫靡，左道變雅，天下遂亂。《續經》既造，人文乃正。”

子曰：“蓋有慕名而作者，吾不爲也。虚名失實。”

叔恬曰：“文中子之教興，其當隋之季世、皇家之未造乎？將敗者，吾傷其不得用；隋敗。將興者，吾惜其不得見。唐興。其志勤，其言徵，其事以蒼生爲心乎！時門人千數，至卿相者十餘人，蓋蒼生受賜多矣。”

文中子曰：“二帝三王，吾不得而見也，捨兩漢將安之乎？之，往也。大哉，七制之主，其以仁義公恕統天下乎？仁，若文帝感緹縈去肉刑；義，若武帝殺鉤弋防后族之亂；公，若明帝不許管陶求郎；①恕，若章帝赦楚王徙者是也。② 其役簡，仁也。其刑清，義也。君子樂其道，公也。小人懷其生。恕也。四百年間，高祖至獻帝，四百一十六年。天下無二志，其有以結人心乎！終之以禮樂，則三王之舉也。禮樂者，王道淳則舉。漢雜霸道，故不及三代。”

子曰：“王道之駁久矣，③駁雜。禮樂可以不正乎？《禮論》、《樂論》，所以正之。大義之蕪甚矣，荒蕪。《詩》、《書》可以不續乎？《續詩》、《續書》，所以明之。”

子曰：“唐虞之道直以大，故以揖讓終焉，堯直讓舜，大也。必也有聖人承之，何必定法？以聖承聖，何其常法之有？其道甚闊，不可格于後。後若無聖，安能格及？夏、商之道直以簡，故以放弑終焉，湯直伐桀，簡也。必也有聖人扶之，何必在我？我，謂我君。其道亦曠，不可制于下。下若有奸臣，則無君之心難制矣。如有用我者，吾其爲周公所爲乎！可以承則承，可以扶則扶，此周公之爲。”

---

① “管”，四庫薈要本作“館”。

② “赦”，取瑟堂本與世德堂本作“救”。“徙”，四庫薈要本作“從”。

③ “王”，取瑟堂本作“主”。

子燕居，董常、竇威侍。子曰："吾視千載已上，聖人在上者，未有若周公焉，其道則一，而經制大備，一，謂堯、舜、湯、武一歸于道也。《公羊傳》曰："周公何以不之魯？欲天下之一乎周也。"大備，謂設官分職，制禮作樂也。《禮》曰："禮器，是謂大備。大備，盛德也。"後之爲政，有所持循。一本作"脩"，《漢》史作"循"。吾視千載而下，未有若仲尼焉，其道則一，而述作大明，謂"吾道一以貫之"是也。述《詩》《書》，作《春秋》，所以明周公也。《禮》曰："述者之謂明。"後之修文者，有所折中矣。無位則修而取中焉。千載而下，有申周公之事者，吾不得而見也。時異事殊。千載而下，有紹宣尼之業者，吾不得而讓也。當仁。"

子曰："常也，其殆坐忘乎？顔子坐忘遺照。靜不證理，而足用焉，靜則本性也，本性則不待外徵物理而後致用也，知此則當其無，有證之用。思則或妙。妙謂幾微也，知幾其神，神妙萬物，不思而得，坐忘是也。董生雖不證理，而未能無思，故曰思則或妙，以解上文"其殆"之義。"

李靖問聖人之道，子曰："無所由，亦不至於彼。"

門人曰："徵也至。"或曰："未也。"門人惑。子曰："徵也去此矣，而未至於彼。已離中賢之見，然未至上哲之性。"或問"彼"之説，子曰："彼，道之方也，達者無方，未達者迷焉，故設之以方，使趨於彼也。必也無至乎！待至彼然後見道，亦未爲達者也。猶一隅以知三隅，是亦有隅也。大方無隅，而神無方。聖人與神道并行，無所至，無不至。"董常聞之悦，知道自至。門人不達。若房、魏尚未至彼，安能無至？故不達。董常曰："夫子之道，與物而來，與物而去，致知在格物，物格然後知至。是以來則應之，①若與俱來；去則忘之，

① "則"，取瑟堂本、世德堂本與四庫薈要本作"而"。

若與俱去。道之應物如是，無方，非至賾惟幾妙乎！萬物則安能通其去來哉？來無所從，去無所視。去來既通，則何有來，何有去？"薛收曰："大哉！夫子之道，一而已矣。無所來去，混然圓神，若大衍之一不可得而見。"

子謂程元曰："汝與董常何如？"程元曰："不敢企常。常也遺道德，遺，猶忘也。道大而無所道，德高而無所德，是忘也。元也志仁義。志求仁則仁，志求義則義，無志則無得，是志矣。"子曰："常則然矣，而汝於仁義未數數然也，數數，頻也。其於彼有所至乎？由專至一隅故也。"子曰："董常時有慮焉，時，謂時中也。雖未能不思而得，不勉而中，然思則或妙，慮必時中。其餘則動靜慮矣。其餘程、薛、房、魏輩，慮未時中，①然會其有動靜則慮之耳，猶顔回三月不違仁，其餘日月至焉而已。"

子曰："孝哉薛收，行無負於幽明。收父道衡，非辜見戮，收遁於首陽山以免，此行全幽明矣。"子於是日弔祭，則終日不笑。哀未忘。

或問王隱，隱，字處叔，多知西都舊章，撰《晋書》，文體混漫，義不可解，世不甚傳。子曰："敏人也。其器明，其才富，其學贍。"或問其道，子曰："述作多而經制淺，其道不足稱也。器謂才學而已，若加之識，則三長具，可以知道矣。"

子謂陳壽有志於史，依大義而削異端，壽，字永祚，著《三國志》，善叙事。初，王沈撰《魏書》，韋耀續成之，壽乃具吴、蜀二國，②變史稱志，大抵簡略存其大義。謂范寧有志於《春秋》，徵聖經而詰衆傳。范寧，字武子，爲《穀梁集解》，謂《左氏》失誣，《公羊》失俗，《穀梁》

---

① "未"，取瑟堂本、世德堂本與四庫薈要本作"非"。
② "二"，取瑟堂本與四庫薈要本作"三"。

失短，皆詰正於道耳。① 子曰："使陳壽不美於史，遷、固之罪也，《史記》雜黄老之道，壯奸雄之詞，《漢書》又模範紀傳，愈加文飾，是史筆之罪也。使范寧不盡美於《春秋》，歆、向之罪也。劉向理《穀梁》，劉歆好《左氏》，各守一家而不能貫聖經之本，是古學之罪也。"裴晞曰："何謂也？"子曰："史之失，自遷、固始也，記繁而志寡。但務廣記而不原聖人教化之志。《春秋》之失，自歆、向始也，棄經而任傳。但爭衆傳而不原聖人權衡之法。"

子曰："蓋九師興而《易》道微，淮南王聘九人明《易》者撰《道訓》二十篇，號"九師易"。三傳作而《春秋》散。公羊高、穀梁喜、左丘明，皆孔子門人。"賈瓊曰："何謂也？"子曰："白黑相渝，能無微乎？白黑渝正色。② 是非相擾，能無散乎？是非擾正道。故齊、韓、毛、鄭，《詩》之末也，后蒼所傳爲齊《詩》，韓嬰所傳爲韓《詩》，毛、鄭《詩》，毛萇注，鄭玄箋也。大戴、小戴，《禮》之衰也，二戴因曲臺記論於石渠，成《禮記》。戴德號"大戴"，戴聖號"小戴"。《書》殘於古、今，孔安國家藏科斗《尚書》，以今文易之，劉歆别得古本，奏立古文《尚書》。《詩》失於齊、魯，齊轅固生治《詩》爲博士，齊人宗之；魯申公漢初爲儒學，魯人宗之，於是有齊、魯《詩》。汝知之乎？"賈瓊曰："然則無師無傳可乎？"子曰："神而明之，存乎其人，聖性神受，天縱無師。苟非其人，道不虚行，人能弘道。必也傳又不可廢也。傳之在師，得之在己，所傳有限，所得無窮。故周公師天下，仲尼自得之，仲尼師萬世，仲淹自得之，皆神契其道，不盡由師，明矣。《孟子》曰："君子之深造於道也，欲其自得之，自得之則居之安，居之安則取諸左右逢其原。"然學不可無師，而得之不由師也。"

---

① "耳"下，取瑟堂本、世德堂本與四庫薈要本有"詰，奚吉反"字。
② "色"下，取瑟堂本、世德堂本與四庫薈要本有"渝，弋朱反"字。

子謂叔恬曰:"汝不爲《續詩》乎? 則其視七代損益,終懣然也。七代,注見上。懣,昏也。①"子謂《續詩》可以諷,可以達,諷時政,達下情。可以蕩,可以獨處,蕩滌鬱結,獨處無邪。出則悌,入則孝,上四德備矣,則孝悌動天地,感鬼神。多見治亂之情。治之情樂,亂之情哀。

文中子曰:"吾師也,詞達而已矣。聖人不繁文,②惟達意而已。"

或問揚雄、張衡,子曰:"古之振奇人也,其思苦,其言艱。楊雄作《太玄經》及《倉頡訓纂》,沈默精思,好學奇字。張衡作渾天及地動儀,③如揚雄之學,大抵好奇多艱苦。"曰:"其道何如?"子曰:"靖矣。艱苦而奇,未足適變,蓋守靖而已。"

子曰:"過而不文,不文過。犯而不校,有功而不伐,君子人哉!"

子曰:"我未見見謗而喜,聞譽而懼者。"

子曰:"富觀其所與,與貧則仁,與奸則賊。貧觀其所取,取於義則安,取於利則危。達觀其所好,好賢則治,好佞則亂。窮觀其所爲,爲善則生,爲惡則死。可也。四者可以知人,不須多察。"

或問魏孝文,子曰:"可與興化。"後魏元氏,名宏,始都洛陽,修文物制度,太和詔册帝自爲之,斯可與興文化矣。④

銅川夫人好藥,子之母。子始述方。伎術,非事親不暇爲也。芮城府君重陰陽,子之兄也,爲芮城令,陜州縣名。⑤子始著曆日,

① "也"下,取瑟堂本與世德堂本有"懣,七困反"字;四庫薈要本有"懣,莫困反"字。

② "繁",取瑟堂本、世德堂本與四庫薈要本作"煩"。

③ "作",原作"行",據四庫薈要本改。

④ "斯",取瑟堂本、世德堂本與四庫薈要本無此字。

⑤ "名"下,取瑟堂本、世德堂本與四庫薈要本有"芮,而鋭反"字。

且曰："吾懼覽者或費日也。聖人與天地合德，安在推步陰陽，蓋以事兄之心始著星曆，恐門人拘忌，妄習災福，故特云懼費日而已。"

子謂薛知仁善處俗，知仁，未見。處俗，謂能隨俗而處。以芮城之子妻之。

子曰："内難而能正其志，引《明夷》彖辭。同州府君以之。文中子高祖，名彦，爲同州刺史。内難，未詳。"

子曰："吾於天下，無去也，無就也，惟道之從。從中道。"

卷三　事君篇

阮逸　注

房玄齡問事君之道，子曰："無私。"問使人之道，曰："無偏。"曰："敢問化人之道？"子曰："正其心。"問禮樂，子曰："王道盛則禮樂從而興焉，非爾所及也。仁義著，則王道盛也。樂者仁之聲也，禮者義之容也，必待明王乃可興，非今爾所及。"

或問楊素，子曰："作福，作威，玉食，不知其他也。驕且吝，餘不足觀。①"

房玄齡問郡縣之治，秦罷侯置守，郡縣始於此。子曰："宗周列國八百餘年，列國，謂封建五等諸侯。皇漢雜建四百餘載，漢監秦亡之勢，雖無五等，而雜封功臣、宗室子弟。魏、晋已降，滅亡不暇，魏、晋亦有封爵，②然虚名無實，故滅於權臣之手。吾不知其用也。觀周、漢之永，魏、晋之促，其用可知矣。"

楊素使謂子曰："盍仕乎？"子曰："疏屬之南，疏屬，山名，《山海經》云："枕汾水，名管岑。"汾水之曲，有先人之弊廬在，可以避風雨，有田可以具饘粥，彈琴著書，講道勸義，自樂也。願

① "餘"，取瑟堂本、世德堂本與四庫薈要本無此字。
② "亦"，取瑟堂本、世德堂本與四庫薈要本作"已"。

君侯正身以統天下，素驕，故以正規之。時和歲豐，則通也受賜多矣，不願仕也。終巽詞以拒之。①”

子曰：“古之爲政者，先德而後刑，故其人悦以恕。悦，謂知德及我。恕，謂知刑不得已而行。今之爲政者，任刑而棄德，故其人怨以詐。怨，謂不教我而致我犯。詐，謂矯求苟免。”

子曰：“古之從仕者養人，今之從仕者養己。嘆反古。”

子曰：“甚矣，齊文宣之虐也。北齊高洋以峻法御下。”姚義曰：“何謂克終？”子曰：“有楊遵彦者，實掌國命，②楊愔，字遵彦，文宣時爲尚書，本史稱朝章國命，一人而已。視民如傷，奚爲不終？言有賢臣，故不亡。”

竇威好議禮，子曰：“威也，賢乎哉！我則不敢。威所好者，禮之文耳。文中子不敢者，禮之情也。夫知禮樂之情者，能作；識禮樂之文者，能述。隋室禮壞，賢威有心，大抵治定而後議。今非其時，故曰不敢。”

北山丈人《山海經》云：“北山之首曰單狐。”丈人，③無名氏。謂文中子曰：“何謂遑遑者，無乃急歟？④”子曰：“非敢急，傷時怠也。怠而不修，斯文喪矣。”

子曰：“吾不度不執，度德執用。不常不遂。得常遂行。”

房玄齡曰：“《書》云霍光廢帝舉帝，何謂也？《續書》有霍光之命，⑤言廢帝舉帝之事。光，字子孟，先是武帝畫周公相成王圖以賜

---

① “詞”，取瑟堂本、世德堂本與四庫薈要本作“言”。
② “掌國”，取瑟堂本、世德堂本與四庫薈要本作“國掌”。
③ “丈”，原作“夫”，據取瑟堂本、世德堂本與四庫薈要本改。
④ “乃”，取瑟堂本、世德堂本與四庫薈要本無此字。
⑤ “命”，取瑟堂本、世德堂本與四庫薈要本作“事”。

光，光盡忠輔之。昭帝崩，立昌邑王賀。賀有罪三千餘，①光廢之而立宣帝。《續書》云："大臣之義，載于業者有七，其一曰命。"文中子曰："《書》有命，邃矣！其有成敗於其間，天下懸之，不得已而臨之乎？""子曰："何必霍光，古之大臣廢昏舉明，所以康天下也。古若伊尹。"

子游河間之渚，隋河間郡連涿水渚，今深州。河上丈人曰："何居乎斯人也？丈人，無名氏。居，音姬，發語之端。心若醉六經，目若營四海，何居乎斯人也？"文中子去之，薛收曰："何人也？"子曰："隱者也。"收曰："盍從之乎？訝子去之。"子曰："吾與彼不相從久矣。吾，吾道也。吾道自仲尼與荷蓧丈人已來不相從也，故曰久矣。""至人相從乎？收問至人無名，還從隱乎？"子曰："否也。言至人有名而難名者也，今之隱者異於是，獨善一身，不以天下爲道。"

子在河上曰："滔滔乎，昔吾願止焉而不可得也，今吾得之止乎？聖人時行則行，時止則止。昔常欲止而心猶有爲，故獻策於長安。今道之不行，得以止矣，故退居於河曲。"

子見牧守屢易，曰："堯舜三載考績，仲尼三年有成。今旬月而易，吾不知其道。痛隋行秦苟且之政。"薛收曰："如何？"子曰："三代之興，邦家有社稷焉，諸侯稱邦，卿大夫稱家，立社稷，世奉其祀。兩漢之盛，牧守有子孫焉，襲爵通侯，無罪國不除。不如是之亟也。亟，猶遽也。無定主而責之以忠，無定民而責之以化，雖曰能之，末由也已。末，莫也。"

賀若弼請射於子，發必中。弼，字輔伯，平陳有武功，爲總管。隋主宴突厥人使，②命之射，一發中的，命弼射，一發亦中的。弼自矜善

---

① "餘"，取瑟堂本與世德堂本作"條"。"千餘"，四庫薈要本作"十條"。
② "人使"，四庫薈要本作"使者"。

射，故請子觀。子曰："美哉乎藝也！六藝次三曰射。古君子志於道，據於德，依於仁，而後藝可游也。言藝成而下，君子游之而已。"弼不悦而退。子謂門人曰："矜而愎，難乎免於今之世矣。弼竟誅死。"

子謂荀悦，史乎史乎！悦，字仲豫，漢獻帝時侍講禁中，依編年體著《前漢紀》三十篇，詞約事詳，申明制度。重言，美之也。謂陸機，文乎文乎！機，字士衡，作《文賦》及《辨亡論》，①蓋有述作之志，復祖之風。皆思過半矣。

子謂文士之行可見。謝靈運，小人哉，其文傲，君子則謹。靈運，玄之孫，襲爵康樂公，性奢豪。曾爲永嘉太守，多游山，不聽民訟，召爲侍中，稱疾不朝，此傲可見也。沈休文，小人哉，其文冶，君子則典。沈約，字休文，始制音韻，好艷冶之辭，梁朝士人宗之，益務妍侈，此冶可見矣。鮑照、②江淹，古之狷者也，其文急以怨。照，字明遠，爲宋臨江王參軍，有虚詞而官不達，故多怨刺。淹，字文通，爲宋建平王從事，有罪下獄，上書，其言急。皆狷可見矣。吴筠、孔珪，古之狂者也，其文怪以怒。《南史》無吴筠，疑是吴均，文之誤也。均，字叔庠，文體古怪。又疑是王筠，字元禮，爲文好押强韻，多而不精，一官一集。孔稚珪，③字德璋，④與江淹對掌文翰而不肯伏淹。皆狂可見矣。謝莊、王融，古之纖人也，其文碎。莊，字希逸，善詞賦歌詩，傳于樂府，嘗作《殷妃誄》，⑤使堯門故事，宋帝深銜之。融，字元長，文詞辯捷，⑥長於屬綴，後坐罪誅。此纖碎可見矣。徐陵、庾信，古之誇人

① "辨"，原作"辯"，據取瑟堂本與世德堂本改。
② "照"，原作"昭"，據四庫薈要本改，下同。
③ "稚"，原作"雉"，據四庫薈要本改。
④ "璋"，原作"章"，據四庫薈要本改。
⑤ "殷"，原字缺末筆，避宋太祖父親"趙弘殷"諱，回改。下同。
⑥ "辯"，世德堂本與四庫薈要本作"辨"。

也，其文誕。陵，字孝穆，陳後主詔册皆陵爲之，好裁緝新意，自成文體。信，字子山，與徐陵同爲學士，文體相誇，時稱"徐庾"。此誕可見矣。或問孝綽兄弟，子曰："鄙人也，其文淫。"劉綽，字孝綽，兄弟孝威、孝儀，俱以才名顯。其舅王筠，常稱孝綽云："天下文章若無我，當歸阿士。"①阿士，孝綽小名。蓋淫詞類舅，此鄙可見矣。或問湘東王兄弟，子曰："貪人也，其文繁。南齊世祖之子湘東王，名子建，與兄竟陵王子良及隋郡王子隆，皆好文章，有集傳世，然志貪富貴，繁可見矣。謝朓，②淺人也，其文捷。朓，字玄暉，③爲齊新安王記室，箋詞敏捷。此淺可見矣。江總，詭人也，其文虚。總，字總持，與陳後主爲長夜之飲，相和爲詩，不持政事。此詭佞可見矣。皆古之不利人也。"或喪身，或亂國。

子謂顔延之、王儉、任昉，有君子之心焉，其文約以則。詞簡約而理有法則，是君子用心也。延之，字延年，宋時爲侍郎，常言天下之務，當與天下共之。平生不拘小節，不營財利。儉，字仲寶，南齊時爲尚書令，好《禮》學，文詞風流，自比謝安。上宴，命群臣作樂，儉獨念《封禪文》。昉，字彦升，梁時掌文誥，累爲太守，凡饋遺與親戚，以俸米散荒民。④當世仕進無不歷其門者，⑤昉接引之，常言憂人之憂，樂人之樂。此心可見矣。

尚書召子仕，隋尚書署天下吏。子使姚義往辭焉，曰："必不得已，署我於蜀。寧僻遠以藏用。⑥"或曰："僻。"子曰："吾得從嚴、揚游泳以卒世，何患乎僻？嚴君平，揚雄。"

---

① "阿士"，世德堂本、四庫薈要本作"阿土"，下同。
② "朓"，原作"眺"，據取瑟堂本、世德堂本與四庫薈要本改，下同。
③ "暉"，原作"輝"，據四庫薈要本改。
④ "俸"，取瑟堂本作"牽"。
⑤ "仕"，原作"士"，據取瑟堂本改。
⑥ "用"下，取瑟堂本有"手，常恕反"字，世德堂本、四庫薈要本有"署，常恕反"字。

子曰："吾惡夫佞者，必也愚乎，愚者不妄動。[①] 吾惡夫豪者，必也吝乎，吝者不妄散。佞惑主，豪誘衆，不若愚吝守其分。"

子曰："達人哉，山濤也，多可而少怪。宏達。"或曰："王戎賢乎？戎，字濬沖，晋司徒。"子曰："戎而賢，天下無不賢矣。戎典選未嘗進寒素，近虚名，天下目爲膏肓之疾。及愍懷之廢，又無一言以諫，但苟且簡静，容身而已，實非賢。"

子曰："陳思王可謂達理者也，以天下讓，時人莫之知也。曹植，字子建，魏祖欲立爲太子，植不自雕礪，飲酒晦迹。兄文帝矯情自飾，以求爲嗣，人不知子建讓兄耳。"子曰："君子哉，思王也，其文深以典。《親親表》，典矣；《出師表》，深矣。"

房玄齡問史，子曰："古之史也，辯道；約理明變。[②] 今之史也，耀文。空事詞語。"問文，子曰："古之文也，約以達；今之文也，繁以塞。不通理曰塞。"

薛收問《續詩》，子曰："有四名焉，有五志焉。何謂四名？一曰化，續《大雅》也。天子所以風天下也；形天下之風。二曰政，續《國風》。蕃臣所以移其俗也；蕃臣，比古諸侯。移俗，猶易俗也。三曰頌，續《周》、《殷》、《魯頌》。以成功告於神明也；歌之樂府，享于宗廟。四曰嘆，續變《風》、變《雅》。以陳誨立誡于家也。國異政，家殊俗，詩人哀之嘆之，所以吟咏於家，諷刺其上，使達此變以懷舊俗也。凡此四者，或美焉，嘉美之。或勉焉，無足嘉，則勉之。或傷焉，勉不得，則傷之。或惡焉，不足傷，則惡之。[③] 或誡焉，語他事，使聞之自誡。是謂五志。皆志所之。"

---

① "動"，原作"勤"，據取瑟堂本與四庫薈要本改。
② "變"，四庫薈要本作"辨"。
③ "之"，取瑟堂本、世德堂本與四庫薈要本作"也"。

子謂叔恬曰："汝爲《春秋》、《元經》乎？《春秋》、《元經》於王道是輕重之權衡，曲直之繩墨也，失則無所取衷矣。衷，中也。過則抑之，不及則勸之，皆約歸中道。"

子謂《續詩》之有《化》，其猶先王之有《雅》乎？《續詩》之有《政》，其猶列國之有《風》乎？《雅》合天下而言也，《風》分郡縣而言也。

子曰："郡縣之政，其異列國之風乎？列國變則懷其舊俗，郡縣變則惟新是圖。列國之風深以固，其人篤，世修政教，故俗亦深厚。曰：'我君不卒求我也，其上下相安乎？'曰者，假列國之人爲言也。我君，謂天子也。言天子封建列國，本求治也，上安其下，則下亦安其上，故云相安。及其變也，變風。勞而散，其人蓋傷君恩之薄也，而不敢怨。薄，謂不安其下。郡縣之政悦以幸，其人慕，苟悦其民，幸於成功，故民亦擇善而慕之。曰：'我君不卒撫我也，其臣主屢遷乎？'此假郡縣之人爲言也，言我君不終撫吾民，使善政不久居，而屢易之乎？及其變也，變政。苛而迫，其人蓋怨吏心之酷也，而無所傷焉。吏苟一時急功，則政酷民怨。雖有善政，未及行也。"魏徵曰："敢問列國之風變，傷而不怨；郡縣之政變，怨而不傷。何謂也？"子曰："傷而不怨，則不曰猶吾君也。民君本國諸侯，亦猶諸侯君天子。吾得逃乎，何敢怨？可逃避，不敢怨。怨而不傷，則不曰彼下矣，彼，謂郡縣長。下，猶去也。言終替去。吾將賊之，又何傷？賊，害之。故曰三代之末，尚有仁義存焉，邦家有社稷故。六代之季，仁義盡矣。牧守無子孫故。何則？導人者非其路也。不以王路，使人由之。"子曰："變《風》、變《雅》作，而王澤竭矣。周先王之澤。變《化》、變《政》作，而帝制衰矣。漢諸帝之制。"

子曰："言取而行違，溫彦博惡之。彦博，大雅弟，貞觀中爲御史大夫，有才辯，[1]官終僕射。面譽而背毁，魏徵惡之。二子正直同。”

子曰：“愛生而敗仁者，其下愚之行歟？觸情亡性。殺身而成仁者，其中人之行歟？强仁非安行。游仲尼之門，未有不迨中者也。”[2]殺身若子路結纓，蓋其中賢也。

陳叔達爲絳郡守，下捕賊之令，曰：“無急也，請自新者，原之，以觀其後。容其改過，刑之未遲。”子聞之曰：“陳守可與言政矣。上失其道，民散久矣，隋季如周衰。苟非君子，焉能固窮？小民窮則盜。導之以德，懸之以信，且觀其後，不亦善乎？容在德，刑在信。”

薛收問：“恩不害義，儉不傷禮，何如？”子曰：“此文、景尚病其難行也。夫廢肉刑害於義。義象秋也，天不以人惡寒而變肅殺之令。[3] 損之可也；刑不濫則損。衣弋綈傷乎禮，禮象夏也，君不以小善卑當陽之義。中焉可也。不逼下則中。雖然，以文、景之心爲之可也，不可格于後。本心在愛民節用，不意其害義傷禮，後王必稽中道。[4]”

子曰：“古之事君也以道，不可則止。直道。今之事君也以佞，枉道。無所不至。所至皆佞。”

子曰：“吾於《讚易》也，述而不敢論；述，謂修之。論，謂别立理。吾於《禮》、《樂》也，論而不敢辯；論沿革而已，不敢辯興衰之極。吾於《詩》《書》也，辯而不敢議。辯治亂之事，不敢議其得失之由。”或問其故，子曰：“有可，有不可。聖人立言，或微而顯，或蓋

---

① “辯”，取瑟堂本、世德堂本與四庫薈要本作“辨”。
② “迨”，取瑟堂本、世德堂本與四庫薈要本作“治”。
③ “以”，取瑟堂本、世德堂本與四庫薈要本作“爲”。
④ “稽”，取瑟堂本作“二”。

而彰，或曲而中，或肆而隱，各有奥義，不可概窺。是故有可以述則述，可以論則論，辯議皆然。①”曰：“夫子有可有不可乎？”子曰：“可不可，天下之所存也，我則存之者也。夫經，天下之公言也，故我續而存之者耳，非我目可否也。②”

子閒居儼然。其動也徐，若有所慮；貌敦。其行也方，矩步也。若有所畏。禮恭。其接長者，恭恭然如不足；接幼者，温温然如有就。敬愛得中。子之服，儉以絜，無長物焉。長，剩也。綺羅錦繡，不入于室，曰：“君子非黄白不御，黄白，取自然絲色。婦人則有青碧。染之易者。”子宴賓無貳饌，不重味。食必去生，味必適，適中。③ 果菜非其時不食，曰：“非天道也。”非其土不食，曰：“非地道也。”皆保真性者也。

鄉人有窮而索者，索，求。曰：“爾於我乎取，無擾爾鄰里鄉黨爲也，周禮五家爲鄰，五鄰爲里，五州爲鄉，五族爲黨。我則不厭。”鄉人有喪，子必先往，匍匐救之。反必後。未忘哀。

子之言，應而不唱，問則應，不唱始。唱必有大端。人言所不及，則唱之。

子之鄉無爭者。近易化。或問人善，子知其善則稱之，不善，則曰：“未嘗與久也。”

子濟大川，有風則止，不登高，不履危，不乘悍，悍馬。不奔馭。

鄉人有水土之役，則具畚鍤以往，曰：“吾非從大夫也。”

---

① “辯”上，取瑟堂本、世德堂本與四庫薈要本有“則論”字。
② “目”，取瑟堂本、世德堂本與四庫薈要本作“自”。
③ “適”，原作“邇”，據取瑟堂本、世德堂本與四庫薈要本改。

畚，草器；鍤，鍬也。非大夫則從行。①

銅川府君之喪，父喪。勺飲不入口者三日。營葬具，曰：“必儉也，吾家有制焉。棺槨無飾，衣衾而舉，帷車而載，飾，謂漆飾也。衾、帷，亡者生所御物。塗車芻靈則不從，五世矣。《禮》曰：“塗車芻靈，自古有之。”孔子謂芻靈者善，謂俑者不仁，不殆於用人乎？”既葬之，曰：“自仲尼已來，未嘗無志也。”於是立墳，高四尺，不樹焉。孔子曰：“我東西南北之人，不可弗識也。”封之，崇四尺。

子之他鄉，舍人之家，舍於主人。出入必告。既而曰：“奚適而無稟？言人動有所稟。”萬春鄉社，所居鄉名。社，祀句龍。子必與執事，翼如也。執俎豆之事。翼如，恭貌。

芮城府君起家，除服，被起。爲御史，將行，謂文中子曰：“何以贈我？”子曰：“清而無介，清極則介。直而無執。直甚則執。”曰：“何以加乎？”子曰：“太和爲之表，清而外和。至心爲之内，直而内至。行之以恭，守之以道。恭外道内。”退而謂董常曰：“大厦將顛，非一木所支也。言隋將顛，非御史可救。”

子曰：“昏娶而論財，夷虜之道也，君子不入其鄉。古者，男女之族，各擇德焉，不以財爲禮。引古正今。”子之族，昏嫁必具六禮，納采、問名、納吉、納徵、請期、親迎。曰：“斯道也，今亡矣。三綱之首不可廢，吾從古。夫爲婦之綱。”

子曰：“惡衣薄食，少思寡欲，今人以爲詐，我則好詐焉。不爲誇衒，若愚似鄙，今人以爲恥，我則不恥也。”

子曰：“古之仕也，以行其道；道行於人。今之仕也，以逞其欲。厚己所欲。難矣乎。難致太平。”

---

① “從”，原作“徒”，據取瑟堂本、世德堂本與四庫薈要本改。“行”下，取瑟堂本、世德堂本與四庫薈要本有“畚，布忖反。鍤，楚洽反”字。

子曰："吏而登仕，勞而進官，非古也，其秦之餘酷乎？《周禮》胥吏執事而已，①非委之以政教也；《春秋》有功賞邑而已，非假之以名器也。秦政酷，故用吏才，而官不授德。古者，士登乎仕，士，謂俊造也。從王命爲仕。吏執乎役，力役。禄以報勞，官以授德。禄及勞者，一身而已，官則爲天下設也。"

子曰："美哉，公旦之爲周也！外不屑天下之謗而私其迹，曰：'必使我子孫相承，而宗祀不絶也。'不屑，不介意也。迹，謂攝位也。曰者，假周公爲言也。内實達天下之道而公其心，曰：'必使我君臣相安，而禍亂不作。'達道，制禮作樂也。公，謂終復子明辟也。深乎，深乎！安家者所以寧天下也，存我者所以厚蒼生也。奉文武業，必存我身，所以寧國厚民。故遷都之義曰：'洛邑之地，四達而平，使有德易以興，無德易以衰。'曰者，周公云也。卜洛相宅，義不恃險，②而在修德。"

無功作《五斗先生傳》，王績，字無功，子之弟也，不遇時則縱酒，一飲五斗，自作《五斗先生傳》以見志。子曰："汝忘天下乎？言未能忘天下。縱心敗矩，吾不與也。責其敗人倫之法。"

---

① "吏"，原作"史"，據取瑟堂本、世德堂本與四庫薈要本改。
② "險"，原作"儉"，據取瑟堂本、世德堂本與四庫薈要本改。

卷四　周公篇

阮逸　注

子謂周公之道，曲而當，私而恕。攝政誅管蔡，曲而當也；代成王笞伯禽，①私而恕也。其窮理盡性，以至於命乎！曲而當，於理窮矣；私而恕，於性盡矣。理則性，性則天，天則命，此所以爲聖也。

子曰："聖人之道，其昌也潛，其弊也浸，潛、浸，皆漸也。②亹亹焉若寒暑進退，物莫不從之，而不知其由也。亹亹，循環不絶貌。顯諸仁則民從之，藏諸用則民不知。"

温彦博問："嵇康、阮籍，何人也？嵇康，字叔夜，山濤舉之自代，康絶交，其介局如此。阮籍，字嗣宗，居喪用琴、酒，且曰"禮豈謂我輩設"，其放曠如此。"子曰："古之名理者，而不能窮也。談名理不窮其變，或失於介，或失於放。"曰："何謂也？"子曰："道不足而器有餘。道不通則介，故不足；器不執則放，故曰有餘。"曰："敢問道、器？"子曰："通變之謂道，可以變則變。執方之謂器。可以方則方。"曰："劉伶何人也？"③劉伶，字伯倫，性淡默，④不交游，以

---

① "成"，原作"武"，據四庫薈要本改。
② "皆"，取瑟堂本、世德堂本與四庫薈要本作"省"。
③ "伶"，原作"靈"，據四庫薈要本改，下同。
④ "性"，原作"姓"，據取瑟堂本、世德堂本與四庫薈要本改。

酒自樂，常携壺使人荷鍤隨行，曰："死即埋之。[1]"子曰："古之閉關人也。閉關，喻藏身也，此世人所不能窺其閫閾。"曰："可乎？"曰："兼忘天下，不亦可乎？一身可忘也，天下不可兼忘。"曰："道足乎？"子曰：[2]"足則吾不知也。伶亦放而已，非中道。"

陳守謂薛生曰："吾行令於郡縣而盜不止，夫子居於鄉里而爭者息，何也？"陳守，叔達也。薛生，收也。夫子，謂文中子。薛生曰："此以言化，行令示法。彼以心化。行道感人。"陳守曰："吾過矣。"退而靜居，思行其道。三月盜賊出境。[3] 子聞之，曰："收善言，叔達善聽。[4] 二子同志。"

房玄齡問："田疇何人也？"子曰："古之義人也。"田疇，字子泰。幽州牧劉虞使疇奉使于天子，及回，虞爲公孫瓚所害，[5]疇哭虞墓而去。魏祖欲封疇，[6]疇不受。此節義人也。

子謂《武德之舞》勞而決，其發謀動慮，經天下乎？[7] 漢高祖廟奏《武德舞》，狀干戈勤勞決取，以經營天下也。謂《昭德之舞》閒而泰，其和神定氣，綏天下乎？漢文帝廟奏《昭德舞》，狀修文物，以綏安天下也。太原府君曰："何如？"子曰："或決而成之，或泰而守之，吾不知其變也。凡帝道，有成之者，有守之者，樂舞象焉[8]，其變在文武相須。噫，《武德》則功存焉，不如《昭德》之善也，功立一時而已，德必常守于萬世。且《武》之未盡善久矣。其時乎，其

---

① "即"，取瑟堂本、世德堂本與四庫薈要本作"則"。
② "子"，取瑟堂本、世德堂本與四庫薈要本無此字。
③ "境"，原字缺末筆，避宋太祖祖父"趙敬"諱，回改。下同。
④ "聽"，取瑟堂本、世德堂本與四庫薈要本作"德"。
⑤ "瓚"，取瑟堂本作"贊"。
⑥ "祖"，取瑟堂本與世德堂本作"相"。
⑦ "下"，取瑟堂本作"子"。
⑧ "舞"，世德堂本與四庫薈要本作"武"。

時乎！湯、武革命，一時之功。周行典禮，萬世之道。"

子謂史談善述九流，司馬談爲太史，故曰史談。九流：一儒家，二道家，三陰陽家，四法家，五名家，六墨家，七縱横家，八雜家，九農家。知其不可廢，而知其各有弊也。安得長者之言哉？逸謂九流異道，猶五方殊俗，在致治者，因而利之，器而使之，故不廢而同歸於儒矣。長者，言殊道無不容，無不通也，不廢則容之，有弊則排之，非真儒變通不能極此。

子曰："通其變，天下無弊法；何常之有，法弊則革。執其方，天下無善教，偏執一隅，有時作泥。故曰存乎其人。人謂真儒。"

子曰："安得圓機之士，與之共言九流哉？圓無執，張機發必中。安得皇極之主，與之共敘九疇哉？九疇：一五行，二五事，三八政，四五紀，五皇極，六三德，七稽疑，八庶徵，九五福。皇極居九數之中，當主位也。"

杜淹問："崔浩何人也？"子曰："迫人也。執小道，亂大經。"崔浩，字伯淵，好星曆及真君長生之術，蓋迫小不知通儒之道。

程元曰："敢問《豳風》何也？"子曰："變風也。"豳，今爲邠，周始興之地也。變風，自《鄘》至《王・黍離》。元曰："周公之際，亦有變風乎？"子曰："君臣相誚，其能正乎？成王聽流言之誚，非正風也。成王終疑，則風遂變矣。倘金縢未開，則終疑周公。非周公至誠，孰能卒正之哉？發乎情，是至誠也；止乎禮義，是卒正之也。"元曰："《豳》居變風之末，何也？删詩何以《豳》在列國之後？"子曰："夷王已下，變風不復正矣，夷王下堂而見諸侯，①周始衰微，國風遂變，不復雅正矣。夫子蓋傷之者也，傷周。故終之以《豳風》。言變之可正也，唯周公能之，故繫之以正，周已變，而以豳

① "見"，原作"是"，據取瑟堂本、世德堂本與四庫薈要本改。

正之者,周公也。歌《豳》曰周之末也。[1]《七月》,陳王業。后稷,《公劉》之本。嗚呼,非周公孰知其艱哉！王業艱難。[2]變而克正,危而克扶,始終不失於本,其惟周公乎？繫之《豳》,遠矣哉！周公之詩,不繫《周》而繫《豳》者,正其本,存乎遠也。"

子曰:"齊桓尊王室而諸侯服,惟管仲知之。管仲,字夷吾。齊桓公伯諸侯,仲之力也,故曰知之。苻秦舉大號而中原静,惟王猛知之。前秦苻堅得天下三分之二,故曰中原静也,亦其相王猛之力。"或曰:"苻秦逆。東晋在而堅僭號,是逆。"子曰:"晋制命者之罪也,晋不能命方伯,使征不庭。苻秦何逆？上順下違曰逆,上亂下抗非逆也,義在下文。昔周制至公之命,若《策命》曰"五侯九伯,汝實征之",是至公也。故齊桓、管仲不得而背也。上順故。晋制至私之命,惠帝已後,賄賂大行,天下謂之互市。故苻秦、王猛不得而事也,晋東遷,中國無主,秦乃抗號。其應天順命,安國濟民乎！是以武王不敢逆天命,背人而事紂;齊桓不敢逆天命,背人而黜周。故曰晋之罪也,苻秦何逆？三十餘年,中國士民,東西南北,自遠而至,猛之力也。"

子曰:"苻秦之有臣,其王猛之所爲乎！見王猛功業,知秦有臣。元魏之有主,其孝文之所爲乎！觀孝文治具,知魏有主。中國之道不墜,孝文之力也。都洛邑,興文物。"

太原府君曰:"温子昇何人也?"子曰:"險人也。智小謀大。永安之事,同州府君常切齒焉,則有由也。"温子昇,字鵬舉,掌魏國文翰,性似静而實深險,其後與元瑾謀逆,坐誅。永安,莊帝年號也,時魏國大亂。切齒,未詳。

---

① "末",取瑟堂本、世德堂本與四庫薈要本作"本"。

② "王",原作"正",據取瑟堂本、世德堂本與四庫薈要本改。

子讀三祖上事，讀《魏書》也。曰："勤哉，而不補也，見同州府君勤王事迹也。無謂魏、周無人，吾家適不用爾。魏帝寶炬入關，依宇文泰。泰子覺，建號稱周。"

子之家廟，座必東南向，自穆公始也，曰："未忘先人之國。"穆公虬，自宋奔魏，自是廟座向東南。

遼東之役，子聞之曰："禍自此始矣，煬帝大業八年征遼，二百萬衆并陷。九年又征之，山東始亂。十年又征，天下遂喪。天子不見伯益讚禹之詞，益讚于禹曰："惟德動天，無遠弗届。"禹乃班師振旅，七旬苗格。公卿不用魏相諷宣帝之事。漢宣帝使趙充國擊匈奴，魏相諫曰："臣聞恃大威者爲驕兵，兵驕者滅。"非但人事，乃天道也。"

王孝逸謂子曰："天下皆爭利棄義，吾獨若之何？利己曰利，利物曰義。"子曰："捨其所爭，取其所棄，不亦君子乎？"

子謂賈瓊、王孝逸、凌敬曰："諸生何樂？"賈瓊曰："樂閒居。退静。"子曰："静以思道，可矣。"王孝逸曰："樂聞過。思益。"子曰："過而屢聞，益矣。"凌敬曰："樂逢善人。好賢。"子曰："多賢，不亦樂乎？"

薛收游於館陶，魏有館陶縣。適與魏徵歸，告子曰："徵，顔、冉之器也。"徵宿子之家，言六經，逾月不出。及去，謂薛收曰："明王不出而夫子生，是三才九疇屬布衣也。道兼天地，理通皇極。"

劉炫見子，①談六經，唱其端，終日不竭。炫，字伯光，開皇中表乞興學校，然好自矜伐，爲執政所抑，著《五經正名》十二卷，行於世。子曰："何其多也？"炫曰："先儒異同，不可不述也。注傳異同。"子曰："一以貫之，可矣。爾以尼父爲多學而識之耶？天下何

① "炫"，原字缺末筆，避宋太祖始祖"趙玄朗"諱，回改。下同。

思何慮？殊途而同歸，百慮而一致，此尼父之學也。”炫退，子謂門人曰：“榮華其言，小成其道，難矣哉！難入尼父之門矣。”

凌敬問禮樂之本，子曰：“無邪。禮樂本乎情，情無邪則貌恭而氣和。恭，禮也；和，樂也。”凌敬退，子曰：“賢哉，儒也，以禮樂爲問。賢其學王道。①”

子曰：“《大風》安不忘危，其霸心之存乎？漢高祖歌云：“安得猛士兮守四方。”此不忘武備，而心在雜霸也。《秋風》樂極哀來，其悔志之萌乎？漢武歌云：“歡樂極兮哀情多。”此悔悟前過，志形哀痛之詔也。”

子曰：“《詩》、《書》盛而秦世滅，非仲尼之罪也；秦不用《詩》、《書》故。虛玄長而晉室亂，非《老》、《莊》之罪也；《老》、《莊》存太古之教，非適時之典，晉賢蕩焉，故亂。齋戒修而梁國亡，非釋迦之罪也。釋氏本空寂之法，非化俗之原，梁主惑焉，故亡。《易》不云乎，苟非其人，道不虛行。聖人非不知太古之樸、空寂之性，然而應物致理，必有制焉。晉賢蕩，梁主惑，非立人之制也，故虛行者爾。”

或問佛，子曰：“聖人也。聖人之寂滅者。”曰：“其教何如？”曰：“西方之教也，西方化外可行，非中國禮義之俗可習。中國則泥，泥，猶溺也。軒車不可以適越，冠冕不可以之胡，古之道也。越舟而不車，胡髮而不冠，古者夷不亂華。②”

或問宇文儉，子曰：“君子儒也。疏通知遠，其《書》之所深乎？儉事迹未見。銅川府君重之，豈徒然哉？父之友。”

子游太樂，樂署。聞《龍舟五更》之曲，煬帝將游江都宮，作此

① “王”，取瑟堂本、世德堂本與四庫薈要本作“正”。
② “夷不亂華”，四庫薈要本作“事必從宜”。

曲。瞿然而歸，曰：“靡靡樂也，紂作靡靡之樂，亡國之音也。作之邦國焉，不可以游矣。”

子謂姚義：“盍官乎？官，仕。”義曰：“捨道干禄，義則未暇。言隋仕人背捨道。①”子曰：“誠哉。信有此。”

或問荀彧、荀攸，子曰：“皆賢者也。”曰：“生死何如？彧死，攸生。”子曰：“生以救時，死以明道，荀氏有二仁焉。彧，字文若，佐魏祖有大功。或謂魏祖宜加九錫，彧曰：“本起義兵，所以正朝安國也，君子愛人以德，不宜如此。”魏祖聞之不悦，彧飲藥而死。彧從子攸，字公達，魏國初建，參謀帷幄，舉事慎密，雖子弟不能知。魏祖常稱曰：“荀令君之仁，荀軍師之智。”又曰：“令君舉善，不進不休；軍師去惡，不去不止。”然彧初仕漢，漢亡則死；攸獨仕魏，魏存則生：明道救時，皆謂仁矣。”

子曰：“言而信，未若不言而信；行而謹，未若不行而謹。”賈瓊曰：“如何？”子曰：“推之以誠，則不言而信；心至誠，雖未言，人已知其必信矣。鎮之以静，則不行而謹。性復静，雖未行人知必謹。惟有道者能之。有儒道者能如此。”

楊素謂子曰：“甚矣，古之爲衣冠裳履！何樸而非便也？樸，虚裝貌。”子曰：“先王法服，不其深乎！有深旨。爲冠所以莊其首也，爲履所以重其足也，衣裳襜如，衣下曰裳。襜如，盛貌。劍珮鏘如，帶劍示威，垂珮合節。鏘如，響聲。皆所以防其躁也。威重有節，則躁無自入焉。故曰儼然，人望而畏之。以此防民，猶有疾驅於道者。今捨之曰不便，是投魚於淵，置猿於木也，爲禮使人别禽獸。天下庸得不馳騁而狂乎？引之者非其道也。責素不以禮引人。”

---

① “背”，取瑟堂本、世德堂本與四庫薈要本作“皆”。

董常歌《邶・柏舟》，言仁不遇也。衛頃公之時，仁人不遇，小人在側，卒章云："憂心悄悄，愠于群小。"子聞之，曰："天實爲之，謂之何哉？此《北門》篇也，刺仕不得志。煬帝任群小，仁人憂之，言董常不遇者天也。"

邳公好古物，蘇威封邳國公。鍾鼎什物珪璽錢貝必具。子聞之，曰："古之好古者聚道，聚淳樸之性。今之好古者聚財。聚珍異之器。"

子謂仲長子光曰："山林可居乎？"子光，注見上。曰："會逢其適也，焉知其可？會當其意有所適則居之耳，不知其可不可也。"子曰："達人哉，隱居放言也。任意所適，①達也。適在山林，隱也。不知其可，放也。"子光退謂董、薛曰："子之師，其至人乎！死生一矣，不得與之變。極乎道，爲至人。死生不變其道者，一貫天下者也。"

薛收問隱，子曰："至人天隱，藏其天真，高莫窺測。其次地隱，避地山林，絜身全節。② 其次名隱。名混朝市，心在世外。"

子謂姚義能交。結交。或曰："簡。簡靜。"子曰："所以爲能也。淡故簡。"或曰："廣。廣，泛交也。"子曰："廣而不濫，又所以爲能也。泛愛中有擇。"

子謂晁錯："率井田之序，有心乎復古矣。"晁錯説文帝曰："五口之家，服作者不過二人，③能耕者不過百畝，古者一夫一婦受田百畝，此井田之制也。"文帝不能行，故漢致治不及三代。文中子惜其有復古之心焉。

賈瓊問《續書》之義，子曰："天子之義列乎範者有四，曰

① "任"，原作"住"，據取瑟堂本、世德堂本與四庫薈要本改。
② "絜"，取瑟堂本、世德堂本與四庫薈要本作"高"。
③ "二"，取瑟堂本、世德堂本與四庫薈要本作"三"。

制，制，命也，秦改命爲制，漢因之。曰詔，詔，令也，秦改令爲詔，漢因之。曰志，志，謂帝王有志於治道，而未形乎制詔者也。曰策。求直言而策慮之。大臣之義載乎業者有七，①曰命，爵命。曰訓，師訓。曰對，奏對。曰讚，襄讚。曰議，評議。曰誡，監誡。曰諫。箴諫。”

文中子曰：“帝者之制，恢恢乎其無所不容。恢恢如天容物。其有大制，制天下而不割乎？子曰大制不割。割，分判也者。② 其上湛然，其下恬然。湛、恬，皆靜。天下之危與天下安之，天下之失與天下正之，凡舉一事，必以天下同之。千變萬化，吾常守中焉。吾常，假帝制自謂也。其卓然不可動乎，其感而無不通乎。此之謂帝制矣。言二帝之典，三王之誥，兩漢之記，皆同制矣。”

文中子曰：“《易》之憂患，業業焉，孜孜焉，其畏天憫人，思及時而動乎！業業，畏天，孜孜，憫人。易者，天人以時而動也。”繁師玄曰：“遠矣，吾視《易》之道何其難乎？難知。”子笑曰：“有是夫，終日乾乾可也。乾乾勤學，不難。‘視之不臧，我思不遠’。又舉《詩》勉之，使勤學《易》，此《載馳》篇云也。言汝不思善道則已，在我思之不爲遠。”

越公聘子，子謂其使者曰：“存而行之，可也。姑存此聘禮即可，非得聘賢之實也。”歌《干旄》而遣之，《干旄》，衛詩，美臣子多好善。既而曰：“玉帛云乎哉？果求賢，不在虚飾。”

子謂房玄齡曰：“好成者，敗之本也；願廣者，狹之道也。欲速不達。”玄齡問：“立功立言何如？”子曰：“必也量力乎！量

① “乎”，取瑟堂本、世德堂本與四庫薈要本作“于”。
② “也者”，取瑟堂本、世德堂本與四庫薈要本作“者也”。

力相時。”

子謂姚義可與友，久要不忘；賈瓊可與行事，臨難不變；相友貴久，臨事貴斷。薛收可與事君，仁而不佞；董常可與出處，介如也。事君貴正，出處貴素。①”

子曰：“賤物貴我，君子不爲也。賈誼曰：“小智自私，賤彼貴我。”好奇尚怪，蕩而不止，必有不肖之心應之。理使之然。”

薛宏請見《六經》，薛宏，未見。經，《續經》也。子不出。門人惑，子笑曰：“有好古博雅君子，則所不隱。言宏非好古者。”

子有内弟之喪，内表弟。不飲酒食肉，郡人非之。非其過禮。子曰：“吾不忍也。”賦《載馳》卒章而去。鄘國《詩》卒章云：“大夫君子，無我有尤，②百爾所思，③不如我所之。”此言我自不忍而然。

鄭和未見。譖子於越公曰：“彼實慢公，彼，謂文中子。公何重焉？”越公使問子。子曰：“公可慢，則僕得矣；不可慢，則僕失矣。得失在僕，公何預焉？”越公待之如舊。理遣也。

子曰：“我未見勇者。”或曰：“賀若弼。”子曰：“弼也戾，焉得勇？勇於義曰勇，勇於力曰戾。”

李密問英雄，子曰：“自知者英，自知，故能知人。自勝者雄。自勝，故能勝人。”問勇，子曰：“必也義乎！凡勇不得其宜，皆勃戾爾。”

賈瓊曰：“甚矣，天下之不知子也！”子曰：“爾願知乎哉？姑修焉，天將知之，况人乎！孟子曰：“盡心者知其性也，知性則知天。”言聖人知天，則天亦知聖人。”

---

① “素”，取瑟堂本作“絜”，世德堂本與四庫薈要本作“潔”。

② “有”，原作“見”，據取瑟堂本、世德堂本與四庫薈要本改。按，《詩經·鄘風·載馳》原文如此。

③ “思”，原作“忠”，據取瑟堂本、世德堂本與四庫薈要本改。按，同上。

賈瓊請《六經》之本，曰："吾恐夫子之道或墜也。"子曰："爾將爲名乎？有美玉姑待價焉。待明王出，①當自求行之。"

楊玄感問孝，子曰："始於事親，終於立身。言爾父不陷不義，則爾身可立矣。"問忠，子曰："孝立，則忠遂矣。楊素賢，則隋不亂。"

---

① "出"，取瑟堂本作"世"。

卷五　問《易》篇

阮逸　注

劉炫問《易》，子曰："聖人於《易》，没身而已，況吾儕乎？聖人終身立《易》中，劉炫但熟《易》之文，而不知《易》在身也。"炫曰："吾談之於朝，無我敵者。但談《易》文，自謂無敵。"子不答，退謂門人曰："默而成之，不言而信，存乎德行。此所謂《易》在身。"

魏徵曰："聖人有憂乎？"子曰："天下皆憂，吾獨得不憂乎？"問疑，子曰："天下皆疑，吾獨得不疑乎？"徵退，子謂董常曰："樂天知命，吾何憂？窮理盡性，吾何疑？憂、疑，出乎情爾。情者，性之欲也。聖人性不憂而人以爲憂者，以天下之情爲憂也；聖人性無疑而人以爲疑者，以天下之情爲疑也。故聖人應物以迹，復性以心。義終下文。"常曰："非告徵也，子亦二言乎？前云有憂疑，後云無憂疑，是二言。"子曰："徵所問者，迹也；舉天下物情之動，而聖人應之曰"迹"。吾告汝者，心也。以一性之本合乎天命，曰"心"。心、迹之判久矣，判，分也。自周公已來心、迹分，故曰久矣。夫堯禪舜，舜禪禹，以心言之則一也，其所以禪之者，迹也。湯伐桀，武王伐紂，以堯舜之心言之亦一也，其所伐之者，①迹也。周公、仲尼之心，與堯、舜、湯、武同

① "伐"上，取瑟堂本、世德堂本與四庫薈要本有"以"字。

也，而迹不應乎天下，蓋時異耳。使周、孔居禪之時，則舜、禹也；居伐之時，則湯、武也。文中子不得其時，兩存心迹，聖矣哉！吾獨得不二言乎！言周公、仲尼於《易》已二言矣。"常曰："心、迹固殊乎？疑二言爲二道。"子曰："自汝觀之則殊也，自汝猶言自彼也，①以彼觀我，則心迹固殊。而適造者不知其殊也。適造，謂我適至於道，乘時而用，則安知心與迹果殊哉？各云當而已矣，當，謂惟義所在，不必執乎心，執乎迹，時行則行，時止則止，各當而已。則夫二未違一也。言則二，道則一也，若先天而天弗違，後天而奉天時，先後則二，而其不違時一也。"李播聞而嘆曰："大哉乎一也！李播，亦門人，未見傳。天下皆歸焉，而不覺也。聖人之道常存於天下，然文中子出非其時，故天下生民不覺也。孟子稱伊尹曰："天之生民，②使先知覺後知，使先覺覺後覺。③""

程元問叔恬曰："《續書》之有《志》有《詔》，何謂也？"叔恬以告文中子，子曰："志以成道，言以宣志。道出乎志也，雖未詔天下，而其言已宣，故曰志。詔其見王者之志乎，詔行天下，則志可見矣。其恤人也周，其致用也悉，一言而天下應，一令而不可易。恤人故皆應，悉用故不改。非仁智博達，則天明命，其孰能詔天下乎？言詔如是之大。"

叔恬曰："敢問《策》何謂也？《續書》有《策》。"子曰："其言也典，其致也博，憫而不私，憫世病，不私諱過。勞而不倦，勞心問賢，不倦聽。其惟策乎！若漢武帝策董仲舒。"

子曰："《續書》之有《命》，邃矣。天爵，人爵，皆爲命也。邃

---

① "汝"，原作"爾"，據四庫薈要本改。
② "之"，四庫薈要本作"下"。
③ "使"，原脱，據取瑟堂本、世德堂本與四庫薈要本補。按，《孟子·万章上》原文如此。

者，言非止君命，抑亦天命之耳。其有君臣經略當其地乎？命其地，必有經略。其有成敗于其間，天下懸之，不得已而臨之乎？言命之所歸，不得已而當之。進退消息，不失其幾乎？經略如此。道甚大，物不廢，高逝獨往，中權契化，自作天命乎？天下懸於己，故曰"自作天命"。"

文中子曰："事者，《續書》有《事》。其取諸仁義而有謀乎？雖天子必有師，事由師謀而成。然亦何常師之有？唯道所存，以天下之身，受天下之訓，言不惟師也，天下之人有善皆可從。得天下之道，成天下之務，民不知其由也，其惟明主乎！民間之事，君皆行焉，民亦不知其君得善之由。"

文中子曰："廣仁益智，莫善於問；《續書》有《問》。乘事演道，莫善於對。《續書》有《對》。非明君孰能廣問，非達臣孰能專對乎？其因宜取類，無不經乎！經營。洋洋乎，晁、董、公孫之對！晁厝對策云："三王臣主俱賢，合謀相輔，莫不本於人情也。"董仲舒對策曰："《春秋》王道之端，傳之於正，正次王，王次春。春者天之所爲也，正者王之所爲也。"公孫弘對策云："致利除害，兼愛無私謂之仁；明是非，立可否謂之義。治之人用也。"此三對皆洋洋然得王道大綱。"

文中子曰："有美不揚，天下何觀？君子之於君，贊其美而匡其失也。《續書》有《讚》。所以進善不暇，天下有不安哉？言無不安。"

文中子曰："議，其盡天下之心乎！《續書》有《議》。昔黄帝有合宫之聽，堯有衢室之問，舜有總章之訪，皆議之謂也。合宫、總章，皆明堂異名也。衢室，當衢爲室，以采民言也，《管子》曰："堯開衢室，聽於民也。"大哉乎！并天下之謀，兼天下之智，而理得矣。我何爲哉？恭己南面而已。言黄帝、堯、舜得天下謀議爲理。"

子曰："人心惟危，道心惟微，言道之難進也。故君子思過而預防之，所以有誡也。《續書》有《誡》。切而不指，切，至。指，訐。勤而不怨，曲而不諂，[1]直而有禮，其惟誡乎！勤拳委曲，以禮戒之。"

子曰："改過不吝。無咎者，善補過也。古之明王，詎能無過，從諫而已矣。《續書》有《諫》。故忠臣之事君也，盡忠補過。君失於上，則臣補於下；臣諫於下，則君從於上。此王道所以不跌也。不差跌。取泰於否，易昏以明，非諫孰能臻乎？言遂事亦可諫。"

文中子曰："晋而下，何其紛紛多主也！紛，不一姓。吾視惠、懷傷之，惠帝政由賈后，爲趙王倫所篡。懷帝蒙塵于平陽，爲劉聰所害。捨三國將安取志乎？三國各有平天下之志，此又明《續書》有《志》。三國何其孜孜多虞乎！雖有志而無制。吾視桓、靈傷之，漢桓帝諱志，梁冀執政，權傾天下。靈帝諱宏，黄巾賊起，董卓作亂。捨兩漢將安取制乎？七制之主可以垂法，此又明《續書》有《制》也。"

子謂："太和之政近雅矣，太和，後魏孝文帝年號也。都洛陽，文物始備，故曰近雅。一明中國之有法。中國久無定主，孝文立二十餘年，造明堂，祀圜丘，置職制，定律令，舉兵百萬伐江南。其後宣武、孝明皆能修太和之政，是中國之法也。惜也，不得行穆公之道。穆公虬，子之祖，自江南來奔，太和八年始仕焉。虬薦王肅及關朗，未幾孝文崩，虬亦卒，惜其道未及行也。"

程元曰："三教何如？儒，老，釋。"子曰："政惡多門久矣。教不一，則政多門。"曰："廢之何如？"子曰："非爾所及也。聖賢出，則異端自去，非遽能廢也。真君、建德之事，適足推波助瀾，縱

---

① "諂"，世德堂本與四庫薈要本作"謟"。

風止燎爾。真君，後魏太武年號也，時崇道教，毁佛法。建德，後周武帝年號也，毁釋、老二教。隋公輔政特更興之，①是暫廢而愈盛，若波瀾、風燎爾。”

子讀《洪範讜義》，安康獻公撰《皇極讜義》②。曰：“三教於是乎可一矣。《洪範》五“皇極”者，義貴中道爾，致中和，天地位焉，萬物育焉。人者，天地萬物中和之物也，教雖三而人則一矣。”程元、魏徵進曰：“何謂也?”子曰：“使民不倦。《易》曰：“通其變，使民不倦。””

賈瓊習《書》至郅惲之事，問於子曰：“敢問事、命、志、制之别？郅惲王莽時上書曰：“漢祚久長，神器有命，不可虚受，上天垂戒，欲悞陛下，③宜即臣位。”莽怒，脅惲令稱病。惲駡曰：“所言皆天命也，非狂人造焉。”莽終不敢害。事者，謂行事之迹也。命者，謂事應天命者也。志者，謂志藴於心也。制者，謂志行於禮義者也。”子曰：“制、命，吾著其道焉；志、事，吾著其節焉。道兼天下，節守一身。”賈瓊以告叔恬，叔恬曰：“《書》其無遺乎？《書》曰‘惟精惟一，允執厥中’，其道之謂乎？《詩》曰‘采葑采菲，無以下體’，其節之謂乎?”子聞之曰：“凝其知《書》矣。”

子曰：“事之於命也，猶志之有制乎，非仁義發中，不能濟也。”事與志，發乎中；命與制，形於外。子曰：“達制、命之道，其知王公之所爲乎？其得變化之心乎？已形於外，則心可知矣。達志、事之道，其知君臣之所難乎？其得仁義之幾乎？發於中，則幾可得矣。”

子曰：“處貧賤而不懾，可以富貴矣。無隕穫，必不驕矜。僮

① “特”，取瑟堂本、世德堂本與四庫薈要本作“時”。
② “義”，取瑟堂本、世德堂本與四庫薈要本作“議”。
③ “悞”，世德堂本與四庫薈要本作“悟”。

僕稱其恩，可以從政矣。恩及賤，況良民乎？交游稱其信，可以立功矣。推而廣于天下。"

子曰："愛名尚利，小人哉！未見仁者而好名利者也。譏時。"賈瓊問君子之道，子曰："反是不思，亦已焉哉！《詩·氓》篇卒章也，言必反復思其所行之道，苟不思，則已矣。"

子見縗絰而哭不輟者，遂弔之，問喪期，曰："五載矣。"子泫然曰：[①]"先王之制不可越也。喪不可過，必俯而就之。[②]"

楚公問用師之道，子曰："行之以仁義。必也，至仁伐不仁，大義誅不義。"曰："若之何決勝？言仁義何能勝兵。"子曰："莫如仁義，過此，敗之招也。責其知勝人以力，不知勝人以道。"

子見耕者必勞之，慰勞。見王人必俯之。俯，俯僂避之。鄉里不騎。不騎馬。雞初鳴，則盥漱具服，[③]《内則》事父母禮。[④]銅川夫人有病，子不交睫者三月，人問者，送迎之，必泣以拜。喜懼并。

子曰："史傳興而經道廢矣，若《史記》先黄老，後六經，是廢也。記注興而史道誣矣，若裴松之注《三國志》，反毁陳壽，是誣也。是故惡夫異端者。述之而反異之。"

薛收曰："何爲命也？"子曰："稽之於天，合之於人，謂其有定於此而應於彼。天時人事稽合曰命。此，人事也。彼，天時也。知人而不知天與知天而不知人，皆非知命也。故君子修性以合天理，所以定命矣。《易》云："窮理盡性，以至於命。"吉凶曲折，無所逃乎？

① "泫"，原字缺末筆，避宋太祖始祖"趙玄朗"諱，回改。下同。

② "之"下，取瑟堂本、世德堂本與四庫薈要本有"縗，七回反。絰，徒結反"字。

③ "漱"，原作"嗽"，據四庫薈要本改。

④ "禮"下，取瑟堂本、世德堂本與四庫薈要本有"盥，古緩反"字。

事有不虞之譽，是時與之吉也；事有求全之毀，是時與之凶也。蓋事與時并非人力獨能致之，故委曲折旋，無以逃其吉凶矣。非君子孰能知而畏之乎？知天命，畏天命，惟君子。非聖人孰能至之哉！盡性以至命，惟聖人。"薛收曰："古人作《元命》，其能至乎？《元命包》，《易》書也。"子曰："至矣。《易》者，性命之書也，知《易》則至命。"

賈瓊曰："《書》無《制》而有《命》，何也？魏而下，《續書》無《制》而有《命》。"子曰："天下其無主而有臣乎？漢制以亡，獨臣尚能稟命爾。"曰："兩漢有制、志，何也？"子曰："制，其盡美於恤人乎？漢七主本以憂民而作制。志，其慚德於備物乎？漢末德不備，尚有志而已。"薛收曰："帝制其出王道乎？問漢制出三王之道否乎。"子曰："不能出也。後之帝者，非昔之帝也，昔之帝者以道，若三王是也。① 後之帝者以名，若秦始兼帝而稱是也。其雜百王之道，而取帝名乎？其心正，其迹譎，恤人之心則正，雜霸之迹則譎。其乘秦之弊，不得已而稱之乎？天下已熟秦稱皇帝之名，故漢因之，不得已而亦稱帝也。政則苟簡，董仲舒曰："秦爲苟簡之政。②"豈若唐、虞三代之純懿乎？二帝三王名實稱。是以富人則可，典禮則未。漢富民之術可稱，長世之禮未備。"薛收曰："純懿遂亡乎？疑二帝三王之道不可復。"子曰："人能弘道，焉知來者之不如昔也？後來聖人生則道弘矣，安知其無純懿之時耶？"

子謂李靖智勝仁，程元仁勝智。五行之秀有偏，故五常之性有勝，若木性多、水性少則仁勝智，推此皆然。③ 子謂董常幾於道，可使變理。五常具，則庶幾乎聖道。通變之謂道，故曰變理。

---

① "王"，原作"五"，據取瑟堂本、世德堂本與四庫薈要本改。
② "政"，取瑟堂本、世德堂本與四庫薈要本作"文"。
③ "皆"，取瑟堂本、世德堂本與四庫薈要本作"爲"。

賈瓊問："何以息謗？"子曰："無辯。勿與小人辯明。"曰："何以止怨？"曰："無爭。勿與小人爭理。"

子謂諸葛、王猛，功近而德遠矣。一時霸其國，爲功雖近，然謀及身後，爲德蓋遠。

子在蒲，蒲，古中都之地，隋爲河中郡。聞遼東之敗，大業八年，九軍并陷。謂薛收曰："城復于隍矣。《易·泰》卦上六："城復于隍，勿用師，其命亂也。""賦《兔爰》之卒章，王國詩也，桓王失信，諸侯背叛。卒章云："我生之後，逢此百凶。"歸而善《六經》之本，曰："以俟能者。俟百姓與能者行之。"

子曰："好動者多難，煬帝如此。小不忍，致大災。隋文如此。"子曰："《易》，聖人之動也，於是乎用以乘時矣。易，變易也。功業見乎變，吉凶生乎動。變動者，聖人適時之用也。無變則功不可大，故因貳以濟；無動則吉不先見，故惟幾成務。存時效動，《易》可知焉。故夫卦者，智之鄉也，動之序也。爻在卦，如人居鄉，逐位而動，是其次序。"薛生曰："智可獨行乎？言卦爲智鄉，則謂智可獨行。"子曰："仁以守之，智不以仁，則易失之賊。不能仁則智息矣，安所行乎哉？不能仁，雖智無用。"子曰："元亨利貞，運行不匱者，智之功也。元，仁也。亨，禮也。利，義也。貞，信也。運之以智，五常成功。"

子曰："佞以承上，殘以御下，誘之以義，不動也。凡佞人、殘人，不可以義誘。"

董常死，子哭之，終日不絕。門人曰："何悲之深也？曰："吾悲夫天之不相道也。董常弱冠而死，門人亞聖者也，死後無人助行周孔之道。"之子殁，吾亦將逝矣。天喪斯文，我必不久生。明王雖興，無以定禮樂矣。"後唐太宗議禮樂，房、魏自言不備。

子讀《易》至《序卦》曰："大矣，時之相生也！達者可與幾矣。《序卦》輪衍六十四卦也，時行時止，生生不窮，達則至之，故曰幾也。①”至《雜卦》曰：“旁行而不流，守者可與存義矣。《雜卦》止説一卦也，守則終之，故曰義矣。”

子曰：“名實相生，利用相成，是非相明，去就相安也。名由實生，實由名顯，此謂相生。利在有用，用則成利，此謂相成。是未果是，有非然後明，此謂相明。去不安則就，就不安則去，此謂相安。已上皆因贊《易》而言也。”

賈瓊問：“太平可致乎？”子曰：“五常之典，三王之誥，兩漢之制，粲然可見矣。古道備在方册，行之可致。顔子曰：“舜何人也？余何人也？”有爲者亦若是。”

文中子曰：“王澤竭而諸侯仗義矣，《續詩》所以明此變也。帝制衰而天下言利矣。《續書》所以救此失也。”

文中子曰：“強國戰兵，惟恃力爾。霸國戰智，不戰而屈人之兵在智。王國戰義，禁民爲非，不獨任智。帝國戰德，仁者無敵於天下，德可知矣。皇國戰無爲，神武而不殺，安見其有爲。天子而戰兵，則王霸之道不抗矣，戰不以智與義，則道不能舉。又焉取帝名乎？道不抗，雖名存，何取？故帝制没而名實散矣。此言名實散，則《元經》必爲行其法也。”

子曰：“多言，德之賊也。有德則不言。多事，生之讎也。保生者少事。”

薛方士未見傳。曰：“逢惡斥之，遇邪正之，何如？”子曰：“其有不得其死乎？責其太剛也，若暴虎馮河，子路終死。必也言之無罪，聞之以誡。言逢惡遇邪，當譎諫喻之。孔子曰：“諫有五，吾從其諷。””

---

① “幾”，取瑟堂本作“敗”。

或問韋孝寬，韋叔裕，字孝寬，後周武帝臣也。子曰："幹矣。北齊攻雍州，孝寬守之不下，齊祖歸，①憤而崩，此幹事而已。"問楊愔，楊愔，字遵彦，北齊文宣帝之臣也。② 子曰："輔矣。愔以朝章國令爲務，不幹小事而已，故可稱輔相之器。"

宇文化及問天道人事如何？化及，隋右將軍述之子也。煬帝幸江都，化及弑逆。子曰："順陰陽仁義，如斯而已。立天之道，曰陰與陽；立人之道，曰仁與義。天人相與則一，故君陽臣陰。陽爲仁，陰爲義，此人事所以一天道也。化及有無君之心，故云守仁義以戒之爾。"

賈瓊爲吏，以事楚公，隋三公府皆自署吏，未君命，故云事楚公。將行，子餞之。瓊曰："願聞事人之道。"子曰："遠而無介，恭而遠之，無傷介。就而無諂，③泄就其身，不苟言貌。泛乎利而諷之，無鬥其捷。泛泛因所利而諷之，勿辯捷自取禍。"瓊曰："終身誦之。"子曰："終身行之可也。不惟事人也，處世盡宜然。"

子曰："《元經》其正名乎，正帝名。皇始之帝，徵天以授之也。皇始，後魏道武年號也。始有中原，建天子旌旗，得正統，此天授之也。晉、宋之王，近於正體。東晉至劉宋，中國無真主，則江南以爲正體，故曰近。於是乎未忘中國，晉、宋皆舉兵中原，有復一之志。穆公之志也。晉陽穆公作《政大論》，言帝王之道。《元經》所以帝元魏而斥齊、梁，蓋其志也。齊、梁、陳之德，僭德。斥之於四夷也，以明中國之有代，太和之力也。後魏孝文太和元年，宋蒼梧王元徽五年也，時江南衰替，中國始尊。"

子曰："改元立號，非古也，漢文帝始改中元、後元年號。④ 其

---

① "祖"，取瑟堂本與世德堂本作"桓"。
② "也"下，取瑟堂本、世德堂本與四庫薈要本有注"愔，於斟反"字。
③ "諂"，世德堂本作"謟"。
④ "漢"，取瑟堂本與世德堂本作"後"。"帝"，四庫薈要本作"景"。

於彼心自作之乎？彼漢以心自改之可也，非古也。”

或問：“志意修，驕富貴，道義重，輕王侯，如何？此荀卿子言也，下句云：“內省而外物輕矣。””子曰：“彼有以自守也。處士横議，非天下公言，自守此説而已。凡聖人之道，無所驕，無所輕。”

薛生曰：“和、殤之後，①帝制絶矣，《元經》何以不興乎？和帝在位十歲，竇憲不軌。殤帝二歲，鄧后臨朝，且此時漢制已絶，②何爲於此不續《元經》以扳王法乎？③”子曰：“君子之於帝制，并心一氣以待也，以待其復興也。傾耳以聽，拭目而視，待之極也。故假之以歲時。自和、殤綿綿至桓、靈，④假歲時而終不復興。桓、靈之際，帝制遂亡矣。曹操舉兵，吴、蜀繼作，孝獻禪魏，漢制乃絶。文、明之際，魏制其未成乎？魏文帝、明帝未能平吴、蜀，一制天下。太康之始，書同文，車同軌，晋武太康元年平吴，天下同。⑤君子曰‘帝制可作矣’，而不克振。太康三年，劉毅比帝爲桓、靈，⑥蓋帝制尋大壞矣。故永熙之後，君子息心焉。”曰：“謂之何哉？太康十　年武帝崩，楊駿矯詔輔政，改元永熙，賈后殺駿，天下大亂。《元經》於是不得已而作也。”上無王法，故君子作賞罰以戒亂臣賊子，豈好辯哉？誠不得已也。文中子曰：“《春秋》作而典誥絶矣，孟子曰：“王者之迹熄，然後《詩》亡，《詩》亡然後《春秋》作。”《元經》興而帝制亡矣。《元經》作於《續書》、《續詩》之後。”

文中子曰：“諸侯不貢詩，古者，列國歌頌皆貢于王，若魯季孫行父請命于周是也。天子不采風，古有采詩之官。樂官不達雅，古

① “和”，取瑟堂本、世德堂本與四庫薈要本無此字。
② “且”，取瑟堂本與世德堂本作“旦”，四庫薈要本作“云”。
③ “扳”，取瑟堂本、世德堂本與四庫薈要本作“振”。
④ “和殤”，取瑟堂本、世德堂本與四庫薈要本作“殤和”。
⑤ “同”下，取瑟堂本、世德堂本與四庫薈要本有“一”字。
⑥ “比”，取瑟堂本作“此”。

爲詩樂爲歌，以合雅道。國史不明變。國史明乎得失之迹。嗚呼！斯則久矣，自仲尼殁，①《詩》存空文，②而其實廢矣。《詩》可以不續乎？漢而下，風化不傳於《詩》，故君子不可不續。"

① "尼"，取瑟堂本作"老"。
② "存"，取瑟堂本、世德堂本與四庫薈要本作"有"。

卷六　禮樂篇

阮逸　注

子曰："吾於禮樂，正失而已，正禮樂沿革之文而已。如其制作，以俟明哲，必也崇貴乎！王道盛，則可以制禮作樂。明哲君子，必得公輔崇貴之位，乃助成王道也。"

賈瓊、薛收曰："道不行，如之何？"子曰："父母安之，兄弟愛之，朋友信之。施於有政，道亦行矣。奚謂不行？亂世道不能濟天下，則修身以正家可矣。"

子謂任、薛、王、劉、崔、盧之昏非古也，何以視譜？古者，氏族家譜，所以標門地、謹昏姻也。任姓，出黄帝六代孫大壬；薛姓，出黄帝六代孫奚仲，居薛，此二姓同譜。王姓，出舜之後，封於劉，至漢有王於齊者，號王氏，此二姓同譜。崔姓，帝嚳姜嫄之後，居崔邑；盧姓，亦姜姓之後，居盧國，此二姓同譜。皆古禮不通昏也。

文中子曰："帝之不帝，久矣。百王稱帝者，相沿前代號也。自秦始皇始，故曰不帝久矣。"王孝逸曰："敢問《元經》之帝何也？三代稱王，故《春秋》書王，以尊天子，稟正朔也。秦、漢稱帝，則《元經》書帝，以尊中國而明正統也。"子曰："絜名索實，此不可去。舉後帝之名者，貴存前帝之實也。中國天子，不可去此號。其爲帝，實失而名存矣。實，道也。名，空號爾。"

或問謝安，子曰："簡矣。"謝安，字安石，爲東晋相。處富貴而獨退靜，破符堅而無喜色，終優游東山，此簡可見矣。問王導，子曰："敬矣。"王導，字茂弘，事晋元、明、成三帝爲相。每進爵，必拜元帝山陵，此恭可見矣。問温嶠，子曰："毅人也。"嶠，字太真，與王導平王敦、蘇峻之亂，皆有功。初鎮武昌，聞國難，泣涕率兵來赴，天子留嶠輔政，嶠讓王導，此果毅可知矣。問桓温，子曰："智近謀遠，鮮不及矣。"温，字子元，爲晋將軍，破李勢，平符健有功，爲大都督。又北伐不已，①爲慕垂所敗，②歸而潛有篡志，此智近謀遠之驗。

賈瓊問群居之道，子曰："同不害正，異不傷物。外雖同而内必正，内雖異則外無傷。此中庸者乎？"曰："可終身而行乎？"子曰："烏乎而不可也？烏，何也。古之有道者，内不失真，而外不殊俗。夫如此，故全也。知道，可與適道者也；不失真，可與立者也；不殊俗，可與權者也。三者備，何往不全？"

繁師玄曰："敢問稽古之利？"子曰："執古以御今之有乎？今之有利者，皆古有之矣，故必稽古。"

子曰："居近識遠，處今知古，惟學矣乎？孔子曰："吾非生而知之，好古，敏以求之。""

子曰："恭則物服，儼然，人望而畏之。慤則有成，先誠其意。平則物化；無私於物，物亦公焉。"子曰："我未見平者也。隋政多私。"

或曰："君子仁而已矣，何用禮爲？"子曰："不可行也。行仁必以禮節之。"或曰："禮豈爲我輩設哉？阮籍云。"子不答。既而謂薛收曰："斯人也，旁行而不流矣，旁行一隅，不知流通之變。

① "北"，取瑟堂本作"此"，世德堂本作"比"。
② "慕垂"，四庫薈要本作"燕人"。

安知教意哉？有若謂先王之道，斯爲美也。有若，孔子弟子。”

文中子曰：“七制之主，道斯盛矣。七制，注見上。”薛收曰：“何爲其然？”子曰：“嗚呼！惟明王能受訓。《續書》有《訓》。”收曰：“無制而有訓，何謂也？”子曰：“其先帝之制未亡乎？大臣之命尚正乎？若孝武之制未亡，霍光之命尚正，則可以訓前漢諸帝也。光武之制未亡，桓榮之命尚正，則可以訓後漢諸帝也。無制而有訓，天下其無大過矣，否則蒼生不無大憂焉。若昌邑王不廢，東海王不讓，則必有兵爭起，而生民憂也。”

薛收曰：“讚，其非古乎？”《續書》有《讚》。子曰：“唐、虞之際，斯爲盛。大禹，皋陶，所以順天休命也。益贊于禹，又皋陶曰贊。贊，襄哉！”

文中子曰：“議，天子所以兼采而博聽也，《續書》有《議》。唯至公之主爲能擇焉。公朝共議，擇善而從。”

文中子曰：“誡，其至矣乎！《續書》有《誡》。古之明王，敬慎所未見，悚懼所未聞，刻於盤盂，盤銘云：“德日新。”荀子曰：“君者，盤也，水者，民也，盤圓則水圓。君者，盂也，盂方則水方。”勒於几杖，杖銘云“扶危”、“定傾”，皆戒也。居有常念，動無過事，其誡之功乎。常念“日新”、“扶危”之誡，自無過。”

薛收曰：“諫，其見忠臣之心乎？《續書》有《諫》。其志直，其言危。志直，若周昌云“口不能言，心知不可”是也。言危，若樊噲云“陛下獨不見趙高之事乎”是也。”子曰：“必也直而不迫，危而不詆，其知命者之所爲乎？不迫，若賈誼曰“今之進言者皆云天下治，臣獨以爲未”是也。知命，爲知其君可諫則諫，進退不違天命也。狡乎逆上，吾不與也。狡，謂志不直也，言不危也。非忠順，故曰逆。”賈瓊曰：“虐哉漢武，未嘗從諫也。”子曰：“孝武其生知之乎？雖不從，未嘗不悦而容之，子言漢武大體生知，不由人諫而理也。若初即位，崇太學，立明堂，黜百家，策賢良，雄才大略，此皆天縱也。如汲黯之訐、方朔之滑稽，雖未聽，亦能容之矣。故賢人攢于朝，直言屬於耳。斯有志於道，故能知悔而康帝業，賢人若仲舒、申公、枚皋、相如、嚴樂輩是也。此數子，每大臣奏事，則皆辯論之，是攢于朝、屬於耳也。晚年下詔，覺用兵之悔，封丞相田千秋爲富民侯，是知悔而帝業康也。可不謂有志之主乎！《續書》所以有《志》。"

子曰："姚義之辯，李靖之智，賈瓊、魏徵之正，薛收之仁，程元、王孝逸之文，加之以篤固，七子各得一長，更能敦篤則固。申之以禮樂，可以成人矣。既固矣，必能成之，禮樂通才然後及也。"

子謂："京房、郭璞，古之亂常人也。京房，字君明，習災變之學，以卦直日用事，本姓李氏，而輒自推律，改爲京氏。郭璞，字景純，好陰陽算術，被髮銜刀，竟坐誅。二子并乖正經、亂人倫者也。"

子曰："冠禮廢，天下無成人矣；昏禮廢，天下無家道矣；士冠、昏禮，二十而冠，三十而昏，成人正家，不可廢也。喪禮廢，天下遺其親矣；祭禮廢，天下忘其祖矣。亦言士喪、祭禮也。孟子曰："未有仁而遺其親也。①"又曰："祭必自其祖。"嗚呼！吾末如之何也已矣。傷時廢此四禮。"

越公問政，子曰："恭以儉。楊素驕侈，故規之。"邳公問政，蘇威封邳國公，爲僕射。子曰："清以平。威以老臣貴位引其子夔預朝政，非清白公平也，故亦規之。"安平公問政，李德林封安平郡公。子曰："無門人以名。德林文學擅名，然多自負，見毁于時，故規之，使無門名。"

子謂薛收、賈瓊曰："《春秋》、《元經》，其衰世之意乎？義

① "其"，原脱，據取瑟堂本、世德堂本與四庫薈要本補。按，《孟子·梁惠王上》原文如此。

直而微，言曲而中。直微曲中，蓋權行取中。”

越公初見子，遇内史薛公曰：“公見王通乎？”楊素問薛道衡。薛公曰：“鄉人也。并家河東。是其家傳七世矣，家傳儒業。皆有經濟之道，而位不逢。不逢明時。”越公曰：“天下豈有七世不逢乎？”薛公曰：“君子道消，十世不逢有矣。若孔子自弗父何嗣厲公，及正考甫佐戴、武、宣公，至孔父嘉立殤公，至仲尼凡三百年，不遇明時。三十年爲一世。”越公曰：“奚若其祖？”公曰：“王氏有祖父焉，有子孫焉，雖然久於其道，鍾美於是也，是人必能叙彝倫矣。六經續而彝倫叙。”

子出自蒲關，自長安出蒲州龍門關，北歸晋。關吏陸逢止之曰：“未可以遁我生民也。”陸逢，賢人，隱於關吏。子爲之宿，翌日而行，子知其賢，意在生民，故特爲宿，未忍去。陸逢送子曰：“行矣，江湖鱣鯨，非溝瀆所容也。聖道大，非群小所知。”

程元曰：“敢問‘風自火出，家人’何也？”《易》彖詞。子曰：“明内而齊外，《離》明，《巽》齊。故家道正而天下正。治國者，先齊家。”

子曰：“仁義，其教之本乎？立人之道曰仁與義，是謂教本。先王以是繼道德而興禮樂者也。韓愈曰：“仁與義爲定名，道與德爲虚位。”然則道德者，本仁而中和之，所以爲禮樂也。”

子曰：“禮，其皇極之門乎？聖人所以嚮明而節天下也。喻門南向，使人出入而節限内外。其得中道乎，解上文皇極義。故能辯上下，定民志。上不逼下，下不僭上，人志自定，是中也。”

或問君子，子曰：“知微，知章，知柔，知剛。《易·繫辭》。”曰：“君子不器，何如？”子曰：“此之謂不器。即此微、章、柔、剛，是不器。”

文中子曰：“周、齊之際，王公大臣不暇及禮矣。北齊高洋至高緯二十八年,後周自宇文覺至介國公二十五年,日尋干戈,雖有名臣,豈暇及禮哉?"獻公曰:安康獻公。'天子失禮,則諸侯脩於國;諸侯失禮,則大夫修於家。'周東遷,邦禮喪,韓宣子適魯曰:"周禮在魯矣。"此諸侯修於國也。魯三家專政,八佾舞庭,孔子自衛反魯,乃定禮樂。此大夫修於家也。禮樂之作,獻公之志也。《禮論》、《樂論》,蓋推獻公之志而作。"

程元問《六經》之致,續經。子曰:"吾續《書》以存漢、晋之實,《續書》起於漢高祖,止晋武帝。續《詩》以辯六代之俗,六代詩見上。修《元經》以斷南北之疑,晋東遷,故南朝推運曆者因以齊、梁、陳爲正統。後魏據中原,故北朝推運曆者以北齊、周、隋爲正統。於是南北二史,夷虜相稱,而天下疑矣。《元經》者,所以尊中國,故中國無主,則正統在晋、宋,中國有主,則正統歸魏、周。讚《易》道以申先師之旨,申明《十翼》也。正禮樂以旌後王之失,後王有不合周公制作者,則論而正之。如斯而已矣。"

程元曰:"'作者之謂聖,述者之謂明',天子何處乎?①"處,居中。子曰:"吾於道,屢伸而已。言我亦不作,亦不述,蓋以微言絶,大義乖,則我再三伸明之爾。其好而能樂,勤而不厭者乎!言我但好學不厭而已。聖與明,吾安敢處?不敢當程元所言。"

子曰:"有坐而得者,有坐而不得者;有行而至者,有不行而至者。老子曰:"坐進此道。"《書》曰:"行之惟難。"坐之行之,一也,而有得有不得,有至有不至,此言人性差殊,各由所習,遂相遠也。"

子曰:"見而存,因所見而存諸心。② 未若不見而存者也。不待見而心常存之,猶言不勉而中,不言而信也。"

子曰:"君子可招而不可誘,可以禮招,不可以機誘。可棄而

---

① "天",四庫薈要本作"夫"。
② "因",取瑟堂本、世德堂本與四庫薈要本作"固"。

不可慢。棄，謂道不同；慢，謂傷名教。輕譽苟毁，好憎尚怒，小人哉！四者任情。”

子曰：“以勢交者，勢傾則絶；以利交者，利窮則散。故君子不與也。不與之交。”

子謂：“薛收善接小人，遠而不疏，近而不狎，頹如也。頹如，不矜持之貌。”

子游汾亭，坐鼓琴，君子不去琴瑟。有舟而釣者過，曰：“美哉琴意，釣，隱者也。聞琴知意。傷而和，怨而静，傷怨和静，乃縵傷絃調也。在山澤而有廊廟之志，非太公之都磻溪，則仲尼之宅四濱也。時亂，賢人隱於野。[①]”子驟而鼓《南風》，釣者曰：“嘻！非今日事也。道能利生民，功足濟天下，其有虞氏之心乎？不如舜自鼓也，聲存而操變矣。”所傳《南風》，聲則存矣，[②]而所操者之情則變而不類。子遽捨琴，謂門人曰：“情之變聲也，如是乎！”起將延之，釣者摇竿鼓枻而逝。門人追之，子曰：“無追也，播鼗武入于河，擊磬襄入于海，固有之也。掌鼗、掌磬之官，武、襄是其名也。魯哀公時，禮壞樂崩，樂人皆去。遂志其事，作《汾亭操》焉。文中子撰此操。”

子之夏城，絳州有夏城縣。薛收、姚義後，遇牧豕者，問塗焉。牧者曰：“從誰歟？”薛收曰：“從王先生也。”牧者曰：“有鳥有鳥，則飛于天；有魚有魚，則潛於淵。一本作“泉”，後人避唐諱也。知道者，蓋默默焉。”牧者，亦隱士也。意謂魚鳥尚得其所，知道者，何不默而遁。子聞之，謂薛收曰：“獨善可矣，斥牧者。不有言者，誰明道乎？既云知道，即不可獨善其身，必當言于天下，使明而

① “野”下，取瑟堂本、世德堂本與四庫薈要本有“磻，薄官反”字。
② “存”，取瑟堂本作“有”。

行焉。”

子不相形，不可以貌取人。不禱疾，无妄之疾，勿藥有喜。不卜非義。不疑何卜？子曰：“君子不受虚譽，不祈妄福，不避死義。三者常德也。”

文中子曰：“記人之善而忘其過，温大雅能之。深而弘，能容物。處貧賤而不懾，魏徵能之。直而遂，能強立。聞過而有喜色，程元能之。好學。亂世羞富貴，竇威能之。好禮儉肅。① 慎密不出，董常能之。知時。”

陳叔達謂子曰：“吾視夫子之道，何其早成也！子謁隋文帝時，年二十一，是早成。”子曰：“通於道有志焉，又焉取乎早成耶？言志學於道，非務早成。”叔達出，遇程元、竇威於塗，因言之。程元曰：“夫子之成也，吾儕慕道久矣，未嘗不充欲焉。所問道，必充其欲。游夫子之門者，未有問而不知，求而不給者也。凡登門者，皆充欲。《詩》云：‘實獲我心’，蓋天啓之，非積學能致也。言早成亦非志學，蓋天縱生知爾。”子聞之曰：“元，汝知乎哉？天下未有不學而成者也。必須學。”

或問長生神仙之道，子曰：“仁義不修，孝悌不立，奚爲長生？苟不仁不孝，長生何爲？甚矣，人之無厭也！秦皇、漢武，無厭妄求。”

或問嚴光、樊英名隱，光，字子陵，少與漢光武同學，除爲諫議，不就，耕於富春山，釣於瀨上。樊英，字季齊，明經，善推步之術，順帝徵，不出，隱於壺山。此并不求名而隱，故曰名隱。子曰：“古之避言人也。避毀譽之言而已。”問東方朔，朔，字曼倩，②漢武帝時爲郎，諸郎

---

① “肅”下，取瑟堂本、世德堂本與四庫薈要本有“竇，田候反”字。

② “曼”，原作“蔓”，據四庫薈要本改。

呼爲狂人，醉歌曰："陸沈於俗，避世金馬門。"子曰："人隱者也。詭迹混俗，不自求别於衆人，故曰人隱。"

子曰："自太伯、虞仲已來，天下鮮避地者也。古公長子太伯，次虞仲，少季歷。季歷子昌，有聖瑞。① 太伯、虞仲知立季歷以及昌，②於是如荆吴以讓季歷。一云虞仲乃仲雍之孫也，君於吴，後武王克商，封虞仲於周，未知孰是。言二人皆奔之遠地以避賢君，故曰避地。仲長子光，天隱者也，無往而不適矣。因言數人，其隱則一，而道德相遠，或藏名，或混俗，或讓國，皆執一有迹也。惟天隱，浩然太虚。孰爲名，孰爲俗，孰爲國，惟變所適，人不能知，是天隱也。"子曰："遁世無悶，其避世之謂乎？避世，即天隱也。生世間，治則彰，亂則晦，樂則行，憂則違，適時而已，又何悶哉？此與名隱、人隱、地隱異矣。非夫無可無不可，不能齊也。可不可齊致，則成天隱。"

文中子曰："《小雅》盡廢而《春秋》作矣。四夷交侵，故《春秋》作，以尊中國。《小化》皆衰，而天下非一帝，《續詩》有《大化》、《小化》，亦大、小《雅》之義也。及其衰也，四夷僭帝號，③故口非一帝。《元經》所以續而作者，其衰世之意乎？救世衰，故續《春秋》之法。"

子在絳，出于野，遇陳守，叔達時爲絳郡守。曰："夫子何之乎？"子曰："將之夏。絳州夏城縣。"陳守令勸吏息役。慮其師見役民。董常聞之曰："吾知夫子行國矣，未嘗虚行也。漢置八使，行國以觀天下風俗，④文中子一布衣出行，而郡守息役，是不虚行也。"

---

① "有聖瑞"，四庫薈要本無此字。
② "立"上，四庫薈要本有"古公欲"字。
③ "四夷"，四庫薈要本作"諸國"。
④ "國"上，四庫薈要本有"郡"字。

賈瓊事楚公，因讒而歸，以告子，楚公，注見上。子曰："瓊，汝將閉門卻掃歟？不知緘口而内修也。古人杜門卻掃者，義在緘口淨其内也。瓊，未達古人之意焉。將謂真閉門。"

仲長子光曰："在險而運奇，不若宅平而無爲。運奇，一時之用；無爲，長世之圖。"文中子以爲知言。言得大者遠者。

文中子曰："其名彌消，其德彌長，其身彌退，其道彌進，此人其知之矣。此人，即謂仲長子光也。退宅平無爲，則知消長進退之極致也。"

子曰："知之者不如行之者，苟不能行，猶不知。行之者不如安之者。委物以能，不勞聰明，安然而事自行，此亦廣上文無爲之義。"

仲長子光，字不曜；董常，字履常。子曰："稱德矣。"子之叔弟績，字無功，子曰："字，朋友之職也，朋友呼而字之，非自立也。神人無功，非爾所宜也，常名之。"績終號無功，子自作傳，棄官不仕。季弟名靜，薛收字之曰"保名"，子聞之曰："薛生善字矣。靜能保名，有稱有誡，薛生於是乎可與友也。表德則稱之，未有可稱則誡之，蓋益友矣。"

卷七 述史篇

阮逸 注

子曰："太熙之後，述史者幾乎罵矣。故君子没稱焉。太熙，晋惠帝元年也。已後至十六國，載記及南北史有"索虜"、"島夷"之呼，如詬罵焉。"

楚公作難，賈瓊去之，楚難，注見上。子曰："瓊可謂立不易方矣。《恒》卦象云也。① 瓊事楚公，不預事。"

温彦博問知，子曰："無知。彦博本以多知爲問，子答以無知，是知也。"問識，子曰："無識。不言如愚。"彦博曰："何謂其然？"子曰："是究是圖，亶其然乎？《常棣》詩箋云：②"汝深謀之，誠如是矣。""彦博退，告董常，常曰："深乎哉！此文王所以順帝之則也。《大雅·皇矣》篇云："不識不知，順帝之則。""

子曰："《詩》有天下之作焉，謂《大雅》。有一國之作焉，謂《國風》。有神明之作焉。謂《頌》。"吴季札曰："《小雅》，其周之衰乎？《豳》，其樂而不淫乎？《左傳·襄二十九年》吴季札聘魯，觀周樂，聽《小雅》，曰："思而不貳，怨而不言，其周德之衰乎？"聞《周南》、

① "恒"，原作"常"，避宋真宗"趙恒"諱，回改。下同。
② "常"，世德堂本作"棠"。"箋"，取瑟堂本作"戔"。

《召南》，曰："勤而不怨。"聽《豳》，曰："樂而不淫。""子曰："孰謂季子知樂？《小雅》烏乎衰？其周之盛乎！烏，何也。《小雅》自《鹿鳴》至《菁菁者莪》，皆言先王之德也，故《天保》已上治内，《采薇》已下治外。後王能修先王之政，仲尼删詩，謂雖不及先王之大，然亦不失其政，故曰："《小雅》言政之小者也。"季子所聽云"思而不貳，怨而不言"，則不謂變雅者也。幽、厲之世，國異政，家殊俗，斯變雅作矣。然有先王之遺，民不敢怨貳，亦由先王盛德使然。文中子曰："周之盛也，何衰乎？"《豳》烏乎樂？其勤而不怨乎！季子言《周南》、《召南》"勤而不怨"，蓋古文悮也，當謂《豳》詩爾。案，《周南·關雎》樂而不淫，《豳》實無樂。文中子辯季札必知樂，此文之悮耳。"

子曰："太和之主有心哉！後魏孝文帝。"賈瓊曰："信美矣。"子曰："未光也。有心於治，美矣。未成化是未光。"

文中子曰："《元經》作，君子不榮禄矣。《易·否》卦："天地不交，否，君子以儉德避難，不可榮以禄。"言晋惠而下否矣，故《元經》作。"

董常習《書》，《續書》。告於子曰："吴、蜀遂忘乎？《續書》有魏而無吴、蜀。"子慨然嘆曰："通也敢忘大皇、昭烈之懿識，孔明、公瑾之盛心哉！吴主孫權，謚"大皇帝"。蜀主劉備，謚"昭烈皇帝"。蜀相諸葛亮，字孔明。吴相周瑜，字公瑾。懿識，謂能任賢也。盛心，謂亮云"普天之下，莫匪漢民"，瑜云"曹公托名漢相，實漢之賊"是也。"

董常曰："大哉中國，五帝三王所自立也，五帝，少昊都曲阜，顓頊都濮陽，帝嚳都亳，堯都冀，舜都蒲。三王，夏都安邑，湯都亳，周都雍、洛。皆中原之國也。衣冠禮義所自出也，故聖賢景慕焉。《春秋》以中國爲法。中國有一，聖賢明之。中國有并，并謂吴、蜀是也。聖賢除之耶？除吴、蜀。"子曰："噫，非中國不敢以訓。周、孔之志。"

董常曰:"《元經》之帝元魏何也?《元經》紀年,書"帝,春正月",起晋惠帝,止東晋及宋,未忘中國,故帝之。至齊、梁,則中國有元魏,故帝魏矣。"子曰:"亂離斯瘼,吾誰適歸?《詩·四月》篇云:"亂離瘼矣,爰其適歸?"箋云:"今政亂憂病,必有之歸。"天地有奉,生民有庇,即吾君也。必君元魏。① 且居先王之國,都洛。受先王之道,建明堂,修典禮。予先王之民矣,予,文中子自謂。言予自晋陽穆公已來事魏,故曰先王之民。謂之何哉?何爲不帝?"董常曰:"敢問皇始之授魏而帝晋,何也?魏太祖入長安,始有中原,是歲丙申,皇始元年,②當東晋孝武帝盡太元二十一年也,然《元經》尚以安、恭紀年。"子曰:"主中國者,將非中國也。③ 晋主中國,至孝武帝名存而實去矣,故曰非中國。④ 我聞有命,未敢以告人,《揚之水》篇云也,⑤聞有善政之命,未敢告動,民心去之。則猶傷之者也。傷之者,懷之也。雖實去,尚追懷之。"董常曰:"敢問卒帝之何也?魏至孝文,方得紀帝。"子曰:"貴其時,大其事,於是乎用義矣。天時人事盛大而帝之,得其宜也。"子曰:"穆公來,王肅至,而元魏達矣。穆公虬,宋順帝升明二年奔魏;王肅,字恭懿,齊明帝建武四年亦奔魏,并魏孝文時也。虬爲晋陽太守,肅爲平南將軍,皆預國政。虬累薦肅,肅制典章律令,故曰達矣。"

子曰:"非至公不及史也。以先王爲公。"

叔恬曰:"敢問《元經》書陳亡而具五國,何也?書"隋九年春,帝正月,晋、宋、齊、梁、陳亡"。"子曰:"江東,中國之舊也,衣冠

① "魏",取瑟堂本作"矣"。
② "始",原作"后",據四庫薈要本改。
③ "非中國也",四庫薈要本作"在真主矣"。
④ "非中國",四庫薈要本作"在真主"。
⑤ "揚",原作"楊",據取瑟堂本、世德堂本與四庫薈要本改。

禮樂之所就也。永嘉之後，江東貴焉。晋懷帝永嘉二年，琅邪王叡自徐州移鎮建業，①中國衣冠往依焉。而卒不貴，貴，猶興也。無人也。元、明、成三帝二十餘年，賴王導爲之輔。康、穆之世，桓温專政，晋祚中微。至孝武朝，賴謝安爲之佐，江東復振。安卒後，桓玄篡位，劉裕興焉。是無多賢人使然。齊、梁、陳於是乎不與其爲國也，宋嘗有樹晋之功，君子猶與之也。至齊、梁、陳，無復念中國，但自相篡立，故曰不與其爲國也。及其亡也，君子猶懷之。齊、梁、陳亡，君子猶懷晋、宋。故書曰'晋、宋、齊、梁、陳亡'，具五以歸其國，歸晋舊國。且言其國亡也。《春秋》書梁亡，言自亡也，江東亦然。不任賢，不修典禮，尚淫靡之文，自取亡國，故曰自亡。嗚呼，棄先王之禮樂，以至是乎！南朝喪棄古道。"叔恬曰："晋、宋亡國久矣，今具之，何謂也？"子曰："衣冠文物之舊，君子不欲其先亡。宋嘗有樹晋之功，有復中國之志，宋祖劉裕平桓玄、盧循，此樹晋功也。伐南燕，擒慕容超，伐後秦姚泓，②平洛陽，修謁五陵，留子義真守長安，此復中國志也。亦不欲其先亡也，故具齊、梁、陳以歸其國也。其未亡，則君子奪其國焉，曰：'中國之禮樂安在？'齊、梁、陳不修禮樂，但自謀立，故君子至公及史，以其未亡而必奪之也。其已亡，則君子與其國焉，曰：'猶我中國之遺人也。'已亡，謂晋、宋。禮樂猶存先王之化，衣冠猶有中國之人，故君子及史，雖其已亡，而必與之也。"

叔恬曰："敢問其志？"文中子泫然而興曰："銅川府君之志也，通不敢廢。銅川，子之父也，著《興衰要論》，言六代得失，此其志也。書五國并時而亡，蓋傷先王之道盡墜，故君子大其言，極其敗，於是乎掃地而求更新也。期逝不至，而多爲恤。《秋

---

① "邪"，原作"耶"，據取瑟堂本、世德堂本與四庫薈要本改。
② "泓"，原字缺末筆，避宋太祖父親"趙弘殷"諱，回改。下同。

杜》篇云："匪載匪來，憂心孔疚。期逝不至，而多爲恤。"逝，往也。恤，憂也。言君子未來，我憂恤之，往不可期其來至，而徒多日爲病也。文中子喻己懷先王之道，亦猶此詩爾。汝知之乎？此《元經》所以書也。所以書五國皆亡也。"

文中子曰："漢、魏禮樂，其末不足稱也。末，謂末節也。然《書》不可廢，尚有近古對、議存焉，《續書》有對、議。問對，若高貴鄉公問諸儒經義，淳于俊、馬昭等對曰"三王以德化民，①三王以禮爲治"是也。議，若夏侯玄議時事曰"銓衡臺閣上之分，孝悌閭里下之分"是也。制、誌、詔、册，則幾乎典誥矣。制，發於君心也。志，臣下志君之善也。誥，君告于下也。② 册，君求于賢也。皆近於二典九誥。"

薛收問仁，子曰："五常之始也。五常一曰仁，在《乾》"四德"爲善長，在《孟子》四端爲惻隱。"問性，子曰："五常之本也。本，謂善也。孟子曰："人性無不善。"孔子曰："繼之者，善也；成之者，性也。""問道，子曰：③"五常一也。性善，其道一也。《禮》曰："率性之謂道。""

賈瓊曰："子於道有不盡矣乎？言夫子以門人不可教，而夫子不盡以道教之乎？"子曰："通於三才五常有不盡者，神明殛也，責賈瓊不知心也，言三才五常之道有爲之教，吾盡之矣，如要無爲，則退藏於密，不能盡焉。或力不足者，斯止矣。智不及則有不盡焉，故不教爾也。此謙辭。"

裴晞問穆公之事，《續書》有此篇名，事則未詳。子曰："舅氏不聞鳳皇乎，覽德暉而下，何必懷彼也？"晞，文中子之舅也。鳳翔千仞，有德則來，無德則去。叔恬曰："穆公之事，蓋明齊、

① "王"，原作"五"，據取瑟堂本、世德堂本與四庫薈要本改。
② "告"上，取瑟堂本有"君"字，世德堂本與四庫薈要本有"以"字。
③ "曰"，原脱，據世德堂本補。

魏。言《續書》之事，非爲穆公而已，蓋明南齊篡國，君子振鳳翮而去之，穆公所以來魏也。”裴晞曰：“人壽幾何？吾視仲尼，何其勞也！應聘列國，未嘗暫暇。”子曰：“有之矣，其勞也，敢違天乎？仲尼誠有此勞也，然天行健，君子自強不息，豈敢違天？焉知後之視今，不如今之視昔也？子自謂我勤道，亦勞也，然後人視我亦將譏人壽幾何也。”

温大雅問：“如之何可使爲政？”子曰：“仁以行之，寬以居之，深識禮樂之情。若周公是也。”“敢問其次？”子曰：“言必忠，行必恕，鼓之以利害不動。若孟軻是也。”又問其次，子曰：“謹而固，廉而慮，齪齪焉自保，不足以發也。若伯夷、叔齊是也。①”子曰：“降此則穿窬之人爾，苟無周公之深識，孟軻之不動，又無伯夷、叔齊之謹固，則是竊禄如穿窬者爾。② 何足及政？抑可使備員矣。若漢之張禹、魏之鍾繇、晋之張華之類，備員相位，實非及民之政也。”

子曰：“宗祖廢而氏姓離矣，朋友廢而名字亂矣。大宗小宗，同尊其祖，所以親族不離。朋友相字，以表其德，所以稱謂不亂。”

内史薛公謂子曰：“吾文章可謂淫溺矣。薛道衡自謂淫文溺於所習。”文中子離席而拜曰：“敢賀丈人之知過也。”薛公因執子手喟然而咏曰：“老夫亦何冀，之子振頹綱。咏古詩也。頹綱，謂六朝文弊。”

子將之陝，河南陝縣，唐置陝州。門人從者鏘鏘焉被于路。子止之曰：“散矣，不知我者謂我何求？”門人乃退。《黍離》詩曰：“知我者謂我心憂，不知我者謂我何求？”

---

① “也”下，取瑟堂本、世德堂本與四庫薈要本有“齪，測角反”字。

② “爾”下，取瑟堂本、世德堂本與四庫薈要本有“窬，容朱反”字。

子謂賀若弼曰："壯于趾而已矣。《大壯》初九："壯于趾，征凶。"言居下用剛也。"

子曰："天下未有不勞而成者也。孟子曰："君子勞心，小人勞力。""

賈瓊問正家之道，子曰："言有物而行有恒。答以《家人》卦大象詞。"

王孝逸謂子曰："盍説乎？游説。"子曰："嗚呼！言之不見信久矣。《困》卦繇云："有言不信。"周公之詞也，故曰久矣。吾將正大人以取吉，尚口則窮也。且致命遂志，其唯君子乎？《困》卦繇云："正大人吉。"《彖》曰："正大人吉，以剛中也，有言不信，尚口乃窮也。"《象》曰："君子以致命遂志。"言命雖致困，志必遂通。"

文中子曰："《春秋》其以天道終乎，故止於獲麟，麟不遇時，天命窮矣。《元經》其以人事終乎，故止於陳亡，先王之道，掃地而求更新，是人事極矣。於是乎天人備矣。《春秋》王次春，正次王，是天人之道參焉。孔子因天命之窮，仲淹因人事之極，天人之道一也。"薛收曰："何謂也？"子曰："天人相與之際，甚可畏也，此董仲舒解《春秋》云也。故君子備之。"

子曰："可與共樂，未可與共憂；可與共憂，未可與共樂。吾未見可與共憂樂者也。樂謂守成也，治成則與民同樂；憂謂慮始也，事初則與民同患。凡可與守成者，難與慮始，若成王初疑周公是也；可與慮始，不可與守成，若范蠡終避勾踐是也。有始有卒，難全也哉。二帝三王，可與憂矣。堯禪舜，舜禪禹，天下共樂矣。湯伐桀，武王伐紂，天下共憂矣。憂樂皆以天下，故文中子以天下之道共與而言之也。"

子曰："非君子不可與語變。變，權也，反經合道之謂也。孔子曰："可與適道，未可與權。""

子讀《易》，至于《革》，嘆曰："可矣，其孰能爲此哉？"大業可革。至初九，曰："吾當之矣，又安行乎？"《革》初九曰："鞏用黄牛之革。"《象》曰："不可以有爲也。"

薛收問一卦六爻之義，子曰："卦也者，著天下之時也。關氏《易傳》："《乾》、《坤》、《屯》、《濟》四卦，時之門，變之開闔也，餘六十卦爲六十時，而小言之六時而已。爻也者，效天下之動也。爻，效也。趨時有六動焉，吉凶悔吝所以不同也。一卦一時之動，適時則吉，失時則凶。"收曰："敢問六爻之義？"子曰："六者，非他也，三才之道，誰能過乎？天時人事，不過乎六。關氏《易傳》曰："六者，天地生成之謂也。""

程元、薛收見子，子曰："二生之學文，奚志也？"對曰："尼父之經，夫子之續，不敢殆也。殆，怠同。"子曰："允矣君子，展也大成。《車攻》詩云也。允，信；展，誠也。大成謂致太平。居而安，動而變，可以佐王矣。居而安，可與立也；動而變，可與權也。"

董常之喪，子赴洛，常死在洛。道於沔池，河南有沔池縣，唐置穀州。主人不授館。子有飢色，坐荆棘間，讀《易》不輟也，謂門人曰："久矣，吾將輟也，輟讀《易》。而竟未獲，未獲已。不知今也而通大困。困而不憂，窮而不懾，通能之，斯學之力也。"主人聞之，召舍具餐焉。世俗亦知非常人。①

賈瓊請絶人事，子曰："不可。"請接人事，子曰："不可。"絶之，接之，是執一端。瓊曰："然則奚若？"子曰："莊以待之，信以從之，去者不追，來者不拒，泛如也，斯可矣。亂世當如此。"

文中子曰："賈誼夭，孝文崩，則漢祚可見矣。賈誼年十八上書，孝文帝謂才堪卿相，然未及大用而誼夭帝崩，使漢祚不及三代之

---

① "人"下，取瑟堂本、世德堂本與四庫薈要本有"餐，千安反"字。

永，誠以此爾。”

子曰：“我未見謙而有怨，亢而無辱，惡而不彰者也。三者必然之理。”

董常曰：“子之《十二策》奚禀也？”子曰：“有天道焉，有地道焉，有人道焉，此其禀也。《策》今亡。”董常曰：“噫！三極之道，禀之而行，不亦焕乎！極者，謂動也。”子曰：“《十二策》若行于時，則《六經》不續矣。”董常曰：“何謂也？”子曰：“仰以觀天文，俯以察地理，中以建人極，吾暇矣哉？足得無爲。① 其有不言之教行，而與萬物息矣。堯民曰“日出而作，日入而息，帝何力於我哉”是也。”

文中子曰：“天下有道，聖人藏焉。閒暇，故藏。天下無道，聖人彰焉。辯不得已。”董常曰：“願聞其説。”子曰：“反一無迹，庸非藏乎？反一，謂反復一性也，復靜則萬虚何有？② 老子曰“歸根曰靜”是也。無迹，謂無形也。無形，聖人所以藏諸用。蓋不言之教也。因貳以濟，能無彰乎？貳謂異端也，異端乖乎大義，我則闢之爾。如尼父因史法之貳，作《春秋》以濟之；孟子因邪説之貳，舉仁義以濟之；文中子因亂華之貳，③尊《元經》以濟之。蓋有爲之典也。如有用我者，當處於太山矣。太山，魯國，周公禮樂之地。文中子周之後，故慕焉。一説太山黄帝有合宫在其下，可以立明堂之制焉。”董常曰：“將沖而用之乎？沖，虚也。老子曰：“道沖而用之。”言子不求官達，而思慕太山黄帝、周公之道，是將假沖虚爲詞乎？《易》不云乎：‘易簡而天地之理得矣。’易簡，言無爲也。道沖用則知子之志有不可爲矣。”

杜淹問七制之主，子曰：“有大功也。注見上。”問賈誼之

---

① “得”，世德堂本與四庫薈要本作“以”。

② “虚”，取瑟堂本、世德堂本與四庫薈要本作“慮”。

③ “亂華”，四庫薈要本作“正統”。

道何如？子曰："群疑亡矣。《易·睽》卦曰："遇雨則吉，群疑亡也。"誼上書文帝曰：漢興二十餘年，當更秦之法，定官名禮樂。又對鬼神之事，君臣相和，如遇雨吉矣。此其道也。"

或問楚元王，子曰："惠人也。"惠，才惠也。元王，名交，好書多才，嘗與魯申公、①白公、穆生同受詩，作傳曰《元王詩》。又穆生不飲酒，王設醴待之，是惠也。問河間獻王，子曰："智人也。"智，謂能周防也。獻王，名德，好收書與朝廷等。是時淮南王亦好書，多招浮辯。獻王修禮樂，服儒術，帝策問三十餘事，王對以道術，得事之中立，是智也。問東平王蒼，子曰："仁人也。"仁，謂樂善也。王名蒼，明帝重之，位三公上。蒼意不安，上疏歸藩，帝問處家何樂？蒼曰"爲善最樂"，是仁也。問東海王強，子曰："義人也。光武太子，名強，母郭后有罪廢，而強不自安，乞歸藩。光武不忍，遲回數年方許之，遂封東海大國。後明帝立，蓋強讓之也，故曰義。保終榮寵，不亦宜矣？"言四王皆善終，有惠，智，仁，義。

子曰："婦人預事而漢道危乎，吕后、梁后，産、禄之擅權，冀之跋扈，終危漢也。大臣均權而魏命亂矣，司馬宣王與曹爽爭權相傾，終亂魏也。儲后不順而晋室隳矣。惠帝衷、太子遹未加師訓而立，果隳晋祚。此非天也，人謀不臧咎矣夫！天謂曆數也，人謂典禮也。漢、魏、晋曆數不及三代者，典禮不修故也。此是人謀不臧之咎。"

① "嘗"，原作"常"，據取瑟堂本、世德堂本與四庫薈要本改。

卷八　魏相篇

阮逸　注

子謂："魏相真漢相，識兵略，達時令，遠乎哉！魏相，字弱翁，學《易》道，舉賢良。爲漢宣帝相，諫伐西域，是識兵略，作《明堂月令議》，是達時令也。"

子曰："孰謂齊文宣瞢而善楊遵彦也？北齊文宣帝高洋即位，以法御下，以功業自矜而瞢於爲政，然善待楊遵彦，又似非瞢。楊愔，字遵彦，事迹注見上。謂孝文明，吾不信也。後魏孝文帝元氏，名宏，都洛陽，文物制度始備。然有王虬不能用，有爾朱榮不能圖，似不明也。謂爾朱榮忠，吾不信也。榮，字天寶，有戰功，爲都督、將軍，害靈后及少主而奉莊帝，恐其難制也，手刃殺之。謂陳思王善讓也，能污其迹，可謂遠刑名矣，醉酒馳馬，是污迹也。① 求小責，免大患，是遠刑也。人謂不密，吾不信也。皆謂植以才自顯，不知污迹保晦，其心密矣。"

董常問："古者明而不視，聰而不聞，有是夫？古知道者視聽不用耳目，故問。"子曰："又有圓而不同，方而不礙，直而不抵，抵，訐也。曲而不佞者矣。廣推其類，終乎中道。"常曰："濁而

---

① "污"，原作"迂"，據取瑟堂本、世德堂本與四庫薈要本改。

不穢，清而不皎，剛而和，柔而毅，可乎？常問一知十。”子曰：“出而不聲，隱而不没，用之則成，捨之則全，吾與爾有矣。既泛言其道，故終顯其志。”

子游馬頰之谷，遂至牛首之谿，晉州有馬頰河、牛首山。登降信宿，從者樂。姚義、竇威進曰：“夫子遂得潛乎？潛，隱也。”子曰：“潛雖伏矣，亦孔之炤。《詩·正月》篇也，《箋》云：“喻賢人道不行，雖潛伏亦甚易見。””威曰：“聞朝廷有召子議矣。大業十一年再徵，皆不至。”子曰：“彼求我則，如不我得。執我仇仇，亦不我力。《箋》云：“彼王求我，如不得，言禮命多也。仇仇，謷謷也。雖執留我，然不問我功力。””姚義曰：“其車既載，乃棄爾輔。①《箋》云：“車載物，喻王之任國事也。棄其輔，遠賢也。””竇威曰：“終逾絶險，曾是不意。②《箋》云：“車度險，曾不爲意乎？喻治國亦然。””子喟然，遂歌《正月》終焉。感愴長言之，終其意也。既而曰：“不可爲矣。言隋必亡，不可救。”

子曰：“《書》以辯事，《詩》以正性，言常道，在乎事；思無邪，在乎性。《禮》以制行，行不可縱，必禮以制之。《樂》以和德，德不可苦，必樂以和之。《春秋》、《元經》以舉往，仲尼舉周公之典禮，仲淹修孔父之筆法，是往也。《易》以知來，生生不窮，是來也。先王之蘊盡矣。蘊，奥賾也。”

王孝逸曰：“惜哉，夫子不仕，喆人徒生矣。”賈瓊曰：“夫子豈徒生哉？以萬古爲兆人，五常爲四國，三才九疇爲公卿，又安用仕？”董常曰：“夫子以《續詩》、《續書》爲朝廷，《禮論》、

---

① “棄”，原作“求”，據取瑟堂本、世德堂本與四庫薈要本改。按，《詩經·小雅·正月》原文如此。

② “意”，原作“億”，據世德堂本與四庫薈要本改。

《樂論》爲政化，《贊易》爲司命，《元經》爲賞罰，此夫子所以生也。”叔恬聞之，曰：“孝悌爲社稷，不言爲宗廟，無所不知爲富貴，無所不極爲死生，天下宗之，夫子之道足矣。雖生亂世，而門人能宗其教，以行於天下，生亦足矣。①”

賈瓊曰：“中山吴欽，天下之孝者也。吴欽，史傳不顯。其處家也，父兄欣欣然；其行事也，父兄焦然若無所據。欣，悦也。焦，猶孑也。孑然如無依據，言事自集。”子曰：“吾黨之孝者異此，設此以證彼之非。其處家也，父母晏然；晏，安也。言不欣嗃而自安。其行事也，父兄恬然若無所思。無思，言無事也，安用據哉？”

裴嘉有婚會，裴嘉，未見。薛方士預焉，方士，未見。酒中而樂作，方士非之而出。士婚禮三日不舉樂。子聞之曰：“薛方士知禮矣，然猶在君子之後乎？孔子言先進於禮樂，謂情生禮樂之前也；後進於禮樂，謂文修於禮樂之後也。方士不先爲語之，而後非之，無益也。故禮則然矣，而用之何不從先進？”

文中子曰：“《元經》有常也，所正以道，於是乎見義。常，經也。經正則義存，若五始不可移易是也。《元經》有變，②所行有適，於是乎見權。《公羊傳》曰“反經合道爲權”，言順時有適，不執常道，若與奪南北以尊中國是也。權、義舉，而皇極立矣。取衷義見上。”

董常曰：“夫子《六經》，皇極之能事畢矣。”董常知六經，一貫而道皆歸乎大中也。文中子曰：“《春秋》，一國之書也，周室一國。其以天下有國而王室不尊乎，故約諸侯以尊王政，約天以

---

① “矣”下，取瑟堂本、世德堂本與四庫薈要本有“喆，陟列反”字。
② “變”下，取瑟堂本、世德堂本與四庫薈要本有“也”字。

禮法。① 以明天命之未改,此《春秋》之事也。天命在周,未改。《元經》,天下之書也,罷侯置守,天下爲一國。其以無定國而帝位不明乎? 無定國,謂南北分,各無一定也。② 不明,謂僭號作也。徵天命以正帝位,以明神器之有歸,此《元經》之事也。天命不改,則周室以一國爲《春秋》。天命有歸,則晋、宋、魏、周、隋合天下爲《元經》。文體雖殊,其志一也。"董常曰:"執小義,妨大權,《春秋》、《元經》之所罪歟? 上文云"權義舉而皇極立",董常推此意以爲義大權小,則正以義歟? 或義小權大,則適乎權歟?"子曰:"斯謂皇之不極。執小妨大,是大之不中也。故必執大棄小,是謂大中。"

御河之役,子聞之曰:"人力盡矣。魏郡白溝,煬帝開永濟渠,名御河,運糧征遼。"

子居家,不暫捨《周禮》,門人問子,子曰:"先師以王道極是也,如有用我,則執此以往。先師,謂孔子也,定禮樂時極周道而已。通也,宗周之介子,敢忘其禮乎? 孔子尚極此説,我小子敢暫捨哉?"

子曰:"《周禮》其敵於天命乎? 周公典禮,與天命齊其久長,故曰敵也。《春秋》抗王而尊魯,其以周之所存乎? 抗,舉也。《春秋》舉周王正朔而書於魯史者,以周禮盡在魯故也。《元經》抗帝而尊中國,其以天命之所歸乎?《元經》舉帝號,以得中國者爲正朔,蓋天命歸中國也。"

張玄素史傳未見。問禮,子曰:"直爾心,儼爾形,動思恭,静思正。"問道,子曰:"禮得而道存矣。上四事,合禮則道在其中。"玄素出,子曰:"有心乎禮也。夫禮有竊之而成名者,況

---

① "天",取瑟堂本作"夫",世德堂本與四庫薈要本作"之"。按,似應作"之"字。

② "各",世德堂本與四庫薈要本作"名"。

躬親哉？竊，謂非己有也，假外飾而行之，尚得成名，況玄素有心於克己哉？孟子曰：“堯、舜性之，湯、武身之，五霸假之也。久假而不歸，焉知其非有也？”

魏徵問君子之辯，子曰：“君子奚辯？而有時乎爲辯，不得已也，其猶兵乎？若湯、武之兵伐桀、紂，孟子之辯排楊、墨，皆不得已也。”董常聞之曰：“君子有不言之辯，不殺之兵，亦時乎？若顏回不言如愚，知時之不可爲也。老子云“善戰不陣”，時可無爲也。”子曰：“誠哉！不知時，無以爲君子。善董常聞辯知時也。”

文中子曰：“聞謗而怒者，讒之由也；見譽而喜者，佞之媒也。爲謗譽所動靜，則讒佞得計矣。絶由去媒，讒佞遠矣。”

子曰：“聞難思解，見利思避，好成人之美，可以立矣。”

子謂董常曰：“我未見勤者矣。如天不息者。蓋有焉，我未之見也。因以激常。”

子曰：“年不豐，兵不息，吾已矣夫！年，天也。兵，人也。”

子謂：“北山黄公善醫，先寢食而後針藥；汾陰侯生善筮，先人事而後説卦。黄公、侯生，未見。”

房玄齡問正主庇民之道，子曰：“先遺其身。”曰：“請究其説。”子曰：“夫能遺其身，然後能無私，無私然後能至公，至公然後以天下爲心矣，道可行也。① 修己以及天下，漸也。”玄齡曰：“如主何？再問正主之説。”子曰：“通也不可究其説，蕭、張其猶病諸！蕭何知其主不可以正也，而私營物産，張良亦私自從赤松子游，皆病也。噫！非子所及，姑守爾恭，執爾慎，庶可以事人也。言隋主不可正。”

江都有變，煬帝幸江都宫，宇文化及弑逆。子有疾，謂薛收

---

① “也”，取瑟堂本、世德堂本與四庫薈要本作“矣”。

曰："道廢久矣，道謂先王典禮。如有王者出，三十年而後禮樂可稱也，稱，舉也。斯已矣。斯，隋不能舉。"收曰："何謂也？"子曰："十年平之，十年富之，十年和之，斯成矣。平亂，富民，和以禮樂。自江都有變，是歲庚辰，唐高祖武德三年也。平之十年，至太宗貞觀三年，天下大定。又富之，至貞觀十三年房玄齡奏太平。又和之，終貞觀二十三年太宗崩，禮樂已和，然未大成爾。"

子曰："早婚少娉，教人以偷；偷，薄也。妾媵無數，教人以亂。言棄古禮是掌教者之罪也。且貴賤有等，妻、妾、媵，各有等降之數。一夫一婦，①庶人之職也。《國風》正夫婦，王化之本也。"

子謁見隋祖，一接而陳《十二策》，編成四卷。門人編之。薛收曰："辯矣乎？"董常曰："非辯也，理當然爾。理奥則言辯，非務其辯也。"房玄齡請習《十二策》，誦習。子曰："時異事變，不足習也。適救隋弊，非經久策。"

虞世基世南兄也，煬帝時參掌朝政，唯諾取容而已。煬帝遇弑，世基見害。遣使謂子曰："盍仕乎？"子曰："通有疾，不能仕也。"飲使者，歌《小明》以送之。《小雅》詩，大夫悔仕於亂世也。首章云："豈不懷歸，畏此罪罟？"言世基必罪死。世基聞之曰："吾特游繒繳之下也，若夫子可謂冥冥矣。楊子曰："鴻飛冥冥，弋者何慕？""

文中子曰："問則對，不問則述，若策問之則對，不爾則自述其道，待時而行。竊比我於仲舒。董仲舒，漢武帝時對賢良策，後爲公孫弘所抑，退免以著書爲業。"

子曰："吾不仕，故成業；成所述業。不動，故無悔；悔生乎動。不廣求，故得；得，足也。不雜學，故明。明道也。"

文中子曰："凝滯者，智之蝥也；忿憾者，仁之螣也；纖吝

---

① "夫"，原作"天"，據取瑟堂本、世德堂本與四庫薈要本改。

者，義之蠹也。蝥、螣、蠹，皆喻害物。①"

子曰："《元經》之專斷，蓋藴於天命，吾安敢至哉？天命未改於晋祚，則《元經》斷之於江南；天命有歸於中國，則《元經》斷之於後魏。言此皆天下所藴，非我能至也。"董常聞之曰："《元經》之與天命，夫子而不至，其孰能至也？"

子謂竇威曰："既冠讀《冠禮》，將婚讀《婚禮》，居喪讀《喪禮》，既葬讀《祭禮》，朝廷讀《賓禮》，軍旅讀《軍禮》，故君子終身不違禮。言學禮有次序。"竇威曰："仲尼言'不學禮，無以立'，此之謂乎？言孔子教鯉，亦謂此次序。"子述《婚禮》，述在《禮論》。賈瓊曰："今皆亡，又焉用續？續，補亡也。"子曰："瓊，爾無輕禮，無諂俗，②輕古禮，阿時俗，是汝也。姑存之可也。續而存之，待時而行。"

子贊《易》至《觀》卦，曰："可以盡神矣。盥而不薦，可以盡神之奥。"

子曰："古者進賢退不肖，猶患不治，有天下舉賢才，則不肖者遠矣。今則吾樂賢者而哀不賢者，樂之不能進之也，哀之不敢退之也。如是寡怨，不退之，故不肖者不怨。猶懼不免。不免怨害。《詩》云：'惴惴小心，如臨空谷。'《詩·小宛》篇注云："衰亂之世，賢人君子雖無罪猶恐懼。""

子讀《説苑》，劉向撰，三十卷。曰："可以輔教矣。其説禮樂可左右教化。"

子之韓城，馮翊有韓城縣。自龍門關先濟，龍門，漢皮氏縣，魏改爲龍門，隋屬絳州，今河中有縣。賈瓊、程元後，從行在後。關吏

---

① "物"下，取瑟堂本、世德堂本與四庫薈要本有"蝥，亡遇反。螣，從曾反，又徒得切。蠹，都故反"字。

② "諂"，原作"謟"，據四庫薈要本改。

仇璋字伯成。止之曰:“先濟者爲誰? 止二子問之。吾視其顙,頹如也,重而不亢;頹,重之貌。亢,昂也。目燦如也,澈而不瞬;澈,清也。睫目曰瞬。口敦如也,闞而不張;敦,厚;闞,深也。鳳頸龜背,鬚垂至腰,參如也。參,參然,盛貌。與之行,俯然而色卑,與之言,泛然而後應,浪驚拖旋而不懼,言狀貌皆異常人。是必有異人者也。吾聞之,天下無道,聖人藏焉,鞠躬守默,斯人殆似也。鞠躬,謂卑俯。守默,謂泛應。”程元曰:“子知人矣,是王通者也。”賈瓊曰:“吾二人師之而不能去也。”仇璋曰:“夫杖一德,乘五常,扶三才,控六藝,吾安得後而不往哉?”遂捨職從於韓城。子謂賈瓊曰:“君子哉! 仇璋也,比董常則不足,方薛收則有餘。”

文中子曰:“吾聞《禮》於關生,見負樵者幾焉;正《樂》於霍生,見持竿者幾焉。關子明、霍汲,皆隱於樵漁。幾,近也。吾將退而求諸野矣。野,謂漁樵。”

子曰:“多言不可與遠謀,機易泄。多動不可與久處。心易躁。吾願見僞靜詐儉者。矯時,罕真靜儉者。”

賈瓊曰:“知善而不行,見義而不勸,雖有拱璧之迎,吾不入其門矣。譏隋朝大臣不勸善而飾虚禮。”子聞之曰:“強哉,矯也! 瓊也,明而毅,故曰強矯。”

仇璋謂薛收曰:“子聞三有七無乎?”收曰:“何謂也?”璋曰:“無諾責,不責人以必諾。無財怨,不以財使人怨。無專利,必先利人。無苟説,所悦必以道。無伐善,不自矜伐。無棄人,片善亦取。無畜憾。不念舊惡。”薛收曰:“請聞三有。”璋曰:“有慈,有儉,有不爲天下先。”收曰:“子及是乎?”曰:“此君子之職也,璋何預焉?”子聞之曰:“唯其有之,是以似之。《裳裳者華》篇注曰:“似,嗣也。””

子曰："君子先擇而後交，擇可交則與交。小人先交而後擇，驟以利合，擇之即壞。故君子寡尤，小人多怨，良以是夫!"

子曰："君子不責人所不及，①不強人所不能，強謂力使之。不苦人所不好，夫如此故免。免今世之禍。老聃曰：'吾言甚易行，天下不能行。'信哉！信今亦然。"

仇璋問："君子有爭乎?"子曰："見利爭讓，聞義爭爲，有不善爭改。言君子果有爭，但爭爲善而已。"

薛收問："聖人與天地如何?"子曰："天生之，地長之，聖人成之，天陽地陰之謂道，聖人經之以善，誠之以性。故天地立而易行乎其中矣。"薛收問《易》，子曰："天地之中非他也，人也。曰仁與義，成性之本。"收退而嘆曰："乃今知人事修，天地之理得矣。始悟《易》。"

子謂收曰："我未見欲仁好義而不得者也。言人性修，則天理得。如不得，斯無性者也。仁義，性之本也。感物而動，性之欲也。應物而不化物，則能復性，故曰欲仁好義，此言明天理也。若化物而不能反躬復性，則是天理滅矣，故曰無性，此言昧人事也。"

子曰："嚴子陵釣於湍石，嚴光，字子陵，漢光武故人，不仕，隱釣於七里湍。爾朱榮控勒天下，注見上文。故君子不貴得位。爾朱榮得位，嚴光不貴之也。"

子曰："火炎上而受制於水，水趨下而得志於火。故君子不欲多上人。言君子如水之性，無不下。"

子讀《易》至山附于地《剥》曰："固其所也，山固宜附地，人固宜復靜。將安之乎？隋亂道剥，我將何之？是以君子思以下人。孔子《象》曰："君子以厚下安宅。""

---

① "責"，原作"貴"，據取瑟堂本、世德堂本與四庫薈要本改。

芮城府君讀《説苑》，芮城、《説苑》，注見上。子見之曰："美哉，兄之志也！于以進物，不亦可乎？《説苑》有進物義。"

子之居，常湛如也，言必恕，動必義，與人款曲以待其會。會，謂理與情會合。故君子樂其道，小人懷其惠。小人但知惠。

叔恬曰："凝於先王之道，行思坐誦，常若不及，臨事往來，常若無誨，若無人教誨我。道果艱哉？"子曰："吾亦然也。言先王之道非凝能及，答云吾亦然，實勉之爾。"叔恬曰："天下惡直醜正，凝也獨安之乎？"子悄然作色曰："神之聽之，介爾景福。《詩·小明》篇："靖恭爾位，好是正直。"注："景，大也。好，與也。介，助也。"言有明王，則道行而得福。君子之於道也，死而後已。天不爲人怨咨而輟其寒暑，《書》曰："冬祁寒，夏暑雨，小民怨咨。"君子不爲人之醜惡而輟其正直。然汝不聞《洪範》之言乎？'平康正直'，夫如是故全。正直必平康，故全身全道。今汝屑屑焉，三德無據而心未樹也。三德，平康正直爲首，其次高明柔克，沉潛剛克。皆謂正必平易，直必康和，明必柔克，潛必剛克，率歸之中道也。今凝雖正直而無據於德，心亦未能務滋，故曰未樹立也。無挺，挺然，立不曲貌。無訐，訐，斥言也。無固，固執。無抵，抵觸。斯之謂側僻，民用僭忒，無乃汝乎！終《洪範》之詞教之也，言凝有是四者與無正直同。"叔恬再拜而出。

仇璋進曰："君子思以下人，直在其中歟？璋言《讚易·剥》卦，得平康之德。"子笑而不答。薛收曰："君子樂，然後笑。夫子何爲不與其進也？"子曰："唯狂克念，斯非樂乎？"《易》道至深，非璋盡達，然嘉其狂念，故樂，然笑之。子謂仇璋、薛收曰："非知之艱，行之惟艱。言克念之，必須克行之。"

卷九　立命篇

阮逸　注

文中子曰："命之立也，其稱人事乎！人生天地之間，所以立命也。是命者，因人而稱。天有情於人而命之者也。故君子畏之，孔子畏天命者，蓋畏人事不修而違天也。無遠近高深而不應也，無洪纖曲直而不當也，《易》曰："其受命如響。"故歸之於天。聖人無不應，無不當，與天合德，故立命則曰天命。《易》曰：'乾道變化，各正性命。'引《易》以明命因性而稱也。"魏徵曰："《書》云'惠迪吉，從逆凶，惟影響'，《詩》云'不戢不難，受福不那'，'彼交匪傲，萬福來求'，其是之謂乎？《書·大禹謨》云也。① 惠，順；迪，道也。順道即吉，從逆即凶。《詩·桑扈》篇注："戢，聚；難，難也。那，多也。"言不聚法，不戒難，則福多矣，彼賢交非傲即福，亦就求之也。"子曰："徵其能自取矣。自取福。"董常曰："自取者，其稱人耶？明魏徵能自取多福，則顯上文其稱人事也。"子曰："誠哉，惟人所召。召亦取也。"

賈瓊進曰："敢問死生有命，富貴在天，何謂也？何獨死生言命，而富貴則言天乎？"子曰："召之在前，命之在後，凡未死則世

---

① "謨"，原作"謀"，據取瑟堂本、世德堂本與四庫薈要本改。

人皆云命合生也,①已死矣則世人皆云命不生也;未富貴則世皆云命合貧賤也,②既富貴則世人皆云命不貧賤。是死生富貴,皆人先自召之在前而後從,而言命是在後也。③ 斯自取也,庸非命乎? 噫! 吾末如之何也已矣。末,莫也。言我莫知所如,亂世不可自取理矣,寧求退藏而已。"瓊拜而出,謂程元曰:"吾今而後知元命可作,多福可求矣。若周公乞代武王,仲尼求爲東周,皆自作元命,終獲多福,此知命之大者。"程元曰:"敬珮玉音,服之無斁。斁,厭也。"

文中子曰:"度德而師,度己不如即師之。易子而教,易,互也。今亡矣。亡,廢。"

子曰:"不以伊尹、周公之道康其國,非大臣也。以己之道,安人之國,不以嫌疑惜其身,是大臣矣。不以霍光、諸葛亮之心事其君者,皆具臣也。受先君之顧命,保後王之未明,盡己之心,不苟其位,非具臣矣。"

董常嘆曰:"善乎,顔子之心也! 三月不違仁矣。"日久不違,是仁人矣。子聞之,曰:"仁亦不遠,姑慮而行之,上文謂"常也,時有慮焉",亦三月之義。爾無苟羨焉,顔回曰:"舜何人也,余何人也?"有爲者亦若是。彼顔回不羨舜也,故常亦無羨回,但慮而行之,自及矣。惟精惟一,誕先登于岸。《書》云:"惟精惟一,允執厥中。"言道心精微,仁性則一也。《詩》云:"帝謂文王,無然畔援,④無然歆羨,⑤誕先登于岸。"岸,喻仁之地也。言仁道不可畔,不可羨,亦執中而得也。"常出曰:"慮不及精,思不及睿,慮即道心也,思曰睿。焉能無咎?

① "則",取瑟堂本、世德堂本與四庫薈要本無此字。

② "皆"上,取瑟堂本、世德堂本與四庫薈要本有"人"字。

③ "是",世德堂本與四庫薈要本作"其"。

④ "援",原作"换",據世德堂本與四庫薈要本改,取瑟堂本作"羨"。按,《詩經・大雅・皇矣》原文如此。

⑤ "歆",原作"欽",據四庫薈要本改。按,同上。

咎謂貳過也。焉能不違？不違三月。"

繁師玄聞董常賢，問賈瓊以齒，年齒。瓊曰："始冠矣。"年二十。師玄曰："吁，其幼達也。達，謂達道。"瓊曰："夫子十五爲人師焉。夫子謂文中子。陳留王孝逸，先達之傲者也。傲，謂未嘗服人也。然白首北面，豈以年乎？達不在年齒。瓊聞之，德不在年，《左傳》曰"年均擇賢"，是則賢德爲上。道不在位。《語》曰："富與貴，是人之所欲，不以其道得之，不處也。""

門人有問姚義："孔庭之法，曰《詩》曰《禮》，不及四經，何也？鯉趨而過庭，子曰："學《詩》乎？學《禮》乎？""姚義曰："嘗聞諸夫子矣。夫子，謂文中子。《春秋》斷物，志定而後及也；志在斷。《樂》以和德，全而後及也；樂象德。《書》以制法，從事而後及也；事以制立。《易》以窮理，知命而後及也。理性至於命。故不學《春秋》，無以主斷；不學《樂》，無以知和；不學《書》，無以議制；不學《易》，無以通理。四者非具體不能及，故聖人後之。言孔子不教鯉者，待其具而後教之爾。此并文中子言，姚義志之也。豈養蒙之具耶？"或曰："然則《詩》、《禮》何爲而先也？"義曰："夫教之以《詩》，則出辭氣斯遠暴慢矣；約之以《禮》，則動容貌斯立威嚴矣。此亦小成也。度其言，察其志，考其行，辯其德。凡師教人，量其志行。志定則發之以《春秋》，於是乎斷而能變；不變則斷不適中。德全則導之以《樂》，於是乎和而知節；不節則蕩。可從事則達之以《書》，於是乎可以立制；事無制不永。知命則申之以《易》，於是乎可與盡性。性與天道合爲元命。若驟而語《春秋》，則蕩志輕義；志未定故。驟而語《樂》，則喧德敗度；德未全。驟而語《書》，則狎法；狎法猶舞文也。驟而語《易》，則玩神。不知性，則以神爲虚玩。是以聖人知其必然，故立之以宗，宗即統言六經也。列之以次，次謂先《詩》、《禮》，而後次之四經也。先成諸己然後備諸物，先濟乎近然後形乎遠。己、近，謂近取諸身也，若出辭氣、動容貌是也。物、遠，謂遠取諸物也，若斷物、和行、制法、窮理是也。亶其深乎，亶其深乎！亶，信也。信乎孔子先《詩》、《禮》，其教深奥。”子聞之曰：“姚子得之矣。得六經之深，故能言此。”

子曰：“識寡於亮，德輕於才，斯過也已。有亮少識，必有太緩之過；有才少德，必有太淺之過。”

子曰：“治亂，運也，有乘之者，有革之者。治亂皆由運則同也，而乘之革之異焉。乘之，謂舜乘堯之類；革之，謂湯革夏之類是也。窮達，時也，關氏《易傳》曰：“時也者，繫乎君天下者也。君天下，得君子之道則時亨，得小人之道則時塞。”有行之者，有遇之者。窮達皆由時，然有行非其道而自窮于時者，有雖行得道而遇時不明者。時則一，而行之遇之異焉。吉凶，命也，有作之者，有偶之者。作，謂自作孽，自求多福，皆由人作之者也。偶，謂庸人偶貴，善人偶禍，皆偶然者也。一來一往，各以數至，豈徒云哉？往來循環，數有奇偶，人不能逃。”

遼東之役，天下治船，子曰：“林麓盡矣，治船伐盡。[1] 帝省其山，其將何辭以對？掌林麓之官，何辭對帝？”

或非《續經》，[2]薛收、姚義告子，子曰：“使賢者非耶，吾將飾誠以請對；對之以道，賢者當悟。愚者非耶，吾獨奈之何？愚者不知道，不可對。”因賦《黍離》之卒章，云：“知我者謂我心憂，不知我者謂我何求。”入謂門人曰：“五交三釁，劉峻亦知言哉！孝標《論》曰：“惟兹五交，是生三釁。”[3]”

---

① “盡”下，取瑟堂本、世德堂本與四庫薈要本有“麓，盧谷反”字。
② “非”，取瑟堂本、世德堂本與四庫薈要本作“問”。
③ “釁”下，取瑟堂本、世德堂本與四庫薈要本有“釁，許慎反”字。

房玄齡問:“善則稱君,過則稱己,可謂忠乎?”子曰:“讓矣。無過而稱己過,是隱也。隱非忠也,蓋讓美於君而已。”

杜如晦問政,子曰:“推爾誠,舉爾類,賞一以勸百,罰一以懲衆,夫爲政而何有?未有過此得爲政之要者。”如晦出,謂竇威曰:“讜人容其訐,雖太訐必容。佞人杜其漸,漸猶不可,況深乎?賞罰在其中,吾知乎爲政矣。容一訐直,示賞百善之門;絶一佞媚,示罰衆惡之柄。”

文中子曰:“制命不及黄初,《續書》帝制公命,惟漢有之,不及魏矣。黄初,魏文帝初即位年號。志事不及太熙,①《續書》君志臣事,至晋太康而止矣,不及惠帝。太熙,惠帝年號。褒貶不及仁壽。《元經》至隋開皇而止矣,不及仁壽。仁壽四年,煬帝弑立。”叔恬曰:“何謂也?”子泫然曰:“仁壽、大業之際,其事忍容言耶!大業,煬帝年號。事不忍言,安所褒貶?”

賈瓊問:“富而教之,何謂也?”子曰:“仁生於歉,歲歉,則仁者惻隱。② 義生於豐,豐盈,則義者制宜。故富而教之斯易也。以豐思歉,則爲教易。古者聖王在上,田里相距,雞犬相聞,人至老死不相往來,蓋自足也。解上文“富”。是以至治之代,謂三皇時。五典潛,五禮措,五服不章,天子、諸侯、卿、大夫、士,五者之服必章明,曰五章。人知飲食,不知蓋藏;人知群居,不知愛敬;上如標枝,下如野鹿。標枝,野鹿,自然分上下也。何哉?蓋上無爲,下自足故也。”

賈瓊曰:“淳灕樸散,其可歸乎?歸,復也。”子曰:“人能弘道,苟得其行,如反掌爾。人存則道行,言亦易爾。昔舜、禹繼軌

---

① “太”,原作“大”,據取瑟堂本、世德堂本與四庫薈要本改。
② “隱”下,取瑟堂本、世德堂本與四庫薈要本有“歉,苦簟反”字。

而天下樸,夏桀承之而天下詐;成湯放桀而天下平,殷紂承之而天下陂;陂,險也。文、武治而幽、厲散,文、景寧而桓、靈失,斯則治亂相易,澆淳有由。由上之所化。興衰資乎人,得失在乎教。解上文"人弘道"。其曰太古不可復,是未知先王之有化也。《詩》、《書》、《禮》、《樂》,復何爲哉?若言經籍不能復古,何爲虚設耶?"董常聞之,謂賈瓊曰:"孔、孟云亡,夫子之道行,則所謂綏之斯來,動之斯和乎?孰云淳樸不可歸哉?當爲決淳灕樸散之疑。"

子曰:"以性制情者鮮矣,我未見處岐路而不遲回者。路分二曰岐,性感物而動曰情,亦二之義也。言情之惑性,如岐之惑路也,能制者少矣。《易》曰'直方大,不習,無不利',則不疑其所行也。直方,性也。不習,謂不疑惑。"

竇威曰:"大哉,《易》之盡性也!門人孰至焉?"子曰:"董常近之。近,庶幾也。"或問:"威與常也何如?"子曰:"不知。恐門人輕威而重常,故答以不知。"

子曰:"大雅或幾於道。温大雅。或幾,猶屢中也。蓋隱者也,默而成之,不言而信。幾道則默也,默似隱。"

或問陶元亮,潛,字元亮。子曰:"放人也。《歸去來》有避地之心焉,潛作《歸去來詞》。《五柳先生傳》則幾於閉關矣。潛種五柳以自號。閉關,注見上。"

子曰:"和大怨者,必有餘怨;若舜不怨而慕是也。忘大樂者,必有餘樂。若顔回不改其樂是也。天之道也。性與天道相合,故能如此。"

子曰:"氣爲上,形爲下,識都其中,都,居也。而三才備矣。氣爲鬼,其天乎?識爲神,其人乎?《易》曰"精氣爲物,游魂爲變",是故知鬼神之情狀。鬼者,精氣之變也,故曰氣爲鬼。《易》曰:

“神而明之，存乎其人。”非識則不能神，故曰識爲神。吾得之理性焉。窮理盡性，則能行變化，通鬼神。”薛收曰：“敢問天、神、人、鬼，何謂也？周公其達乎？仲尼曰：“鬼神之事，吾亦難明。”周公曰：“不若旦多才多藝，能事鬼神。”故止問周公。”子曰：“大哉，周公！遠則冥諸心也，心者，非他也，窮理者也，心，謂天理。故悉本於天。悉，盡也。盡我於天理也，《孟子·盡心章》義同。推神於天，蓋尊而遠之也，故以祀禮接焉。此宗祀天神也。① 近則求諸己也，己，謂人倫。己者，非他也，盡性者也，反己復性。卒歸之人。如父與子性，人人一同。推鬼於人，蓋引而敬之也，故以饗禮接焉。此大禘人鬼也。古者觀盥而不薦，思過半矣。盥，絜，貴敬也。②”

薛收曰：“敢問地祇？既聞天神人鬼，故又問地祇。”子曰：“至哉，百物生焉，萬類形焉，示之以民，斯其義也。古“祇”字，“示”旁作“民”。形也者，非他也，骨肉之謂也，骨肉屬土。故以祭禮接焉。此既葬則祭于地下也。”

收曰：“三者何先？”子曰：“三才不相離也，措之事業，則有主焉。圓丘尚祀，觀神道也；方澤貴祭，察物類也；宗廟用饗，懷精氣也。”收曰：“敢問三才之蘊？蘊者，精奥之稱。”子曰：“至哉乎問！夫天者，統元氣焉，非止蕩蕩蒼蒼之謂也；地者，統元形焉，非止山川丘陵之謂也！人者，統元識焉，非止圓首方足之謂也。三才取其氣、形、識，不止形而已。乾坤之蘊，汝思之乎？”於是收退而學《易》。易行乾坤之中，故因三才之蘊始悟《易》。

子曰：“射以觀德，今亡矣。古人貴仁義，賤勇力。”

子曰：“棄德背義，而患人之不己親；好疑尚詐，而患人之

---

① “天”，取瑟堂本與世德堂本作“大”。

② “也”下，取瑟堂本、世德堂本與四庫薈要本有“盥，古緩反”字。

不己信，則有之矣。譏時。”

子曰：“君子服人之心，不服人之言；孟子曰：“七十子之服仲尼，中心悦而誠服也。”服人之言，不服人之身；此其次也。服人之身，力加之也。君子以義，小人以力，難矣夫！并譏當世尚力不知義者。”

子曰：“太熙之後，天子所存者號爾，晋惠帝。烏乎！索化列之以政，則蕃君比之矣，《續詩》有《政》、《化》。《元經》何以不興乎？《詩》亡則《春秋》作。”

房玄齡謂薛收曰：“道之不行也必矣。夫子何營營乎？嗟師勤。”薛收曰：“子非夫子之徒歟？不知道。天子失道，則諸侯修之；若桓、文。諸侯失道，則大夫修之；若子產、叔向。大夫失道，則士修之；若孔、孟。士失道，則庶人修之。若董仲舒居家推災異。修之之道，從師無常，誨而不倦，窮而不濫，濫，謂不苟干禄棄道。死而後已，得時則行，失時則蟠。蟠，屈。此先王之道所以續而不墜也，古者謂之繼時。若孔子繼周公，孟子繼孔子，其適時一也。《詩》不云乎：‘縱我不往，子寧不嗣音？’《子衿》篇，刺亂世學校不修也。注：“嗣，續也。”音，謂弦誦。如之何以不行而廢也？”玄齡惕然謝曰：“其行也，如是之遠乎！乃知營營非止身而已，繼時之道當遠大。”

卷十　關朗篇[①]

阮逸　注

或問關朗，子曰："魏之賢人也。孝文没而宣武立，穆公死，關朗退，并注見上。魏之不振有由哉！國不振，由賢人不用。"

子曰："中國失道，四夷知之。"魏徵曰："請聞其説。"子曰："《小雅》盡廢，四夷交侵，斯中國失道也，非其説乎？"徵退謂薛收曰："時可知矣。時煬帝失道可知。"

薛收問曰："今之民胡無詩？因聞古詩，乃問今民何不作詩。"子曰："詩者，民之情性也，情性能亡乎？情不亡，詩不廢。非民無詩，職詩者之罪也。職詩，謂史官不明變。[②]"

姚義困於窶，窶，貧。房玄齡曰："傷哉，窶也！盍請乎？"姚義曰："古之人爲人請，猶以爲捨讓也，古冉子爲公西赤之母請粟，孔子曰"君子周急不繼富"[③]，蓋非冉子棄讓也。況爲己乎？吾不願。"子聞之曰："確哉，義也！實行古之道矣，有以發我也，難進易退。儒有難進易退，姚義發明於我。"

---

① "朗"，原字缺末兩筆，避宋太祖始祖"趙玄朗"諱，回改。下同。

② "變"，四庫薈要本作"辯"。

③ "急"，原作"給"，據世德堂本與四庫薈要本改。按，《論語·雍也》原文如此。

子曰："雖邇言必有可察，求本則遠。舜好察邇言，若不察其本則讒説殄行至矣。遠，謂難及。"

王珪從子求《續經》，子曰："叔父，珪，字叔玠，子之從叔。太宗朝爲諫議，多直言，敕中書、門下、三品入閣，使諫臣隨之，自珪始也。通何德以之哉？有何德以當叔父之求學。"珪曰："勿辭也，當仁不讓於師，況無師乎？吾聞關朗之筮矣，事在《關朗傳》。積亂之後，當生大賢，世習禮樂，莫若吾族，天未亡道，振斯文者非子誰歟？珪言直，故舉吾族。"

魏徵問："議事以制，何如？"子曰："苟正其本，刑將措焉？如失其道，議之何益？故至治之代，法懸而不犯，畫衣冠爲法。其次犯而不繁，三代。故議事以制，噫，中代之道也。商、周已後爲中代。如有用我，必也無訟乎？此仲尼之志。"

文中子曰："平陳之後，龍德亢矣，而卒不悔，悲夫！隋文過亢不知，故及弑。"

子曰："吾於《續書》、《元經》也，其知天命而著乎？《詩》、《書》亡，然後《元經》作，皆天命也。傷禮樂則述章志，樂章，禮志。正曆數則斷南北，南北朝。感帝制而首太熙，《書》帝制尚不及黄初，況太熙乎？然《元經》首於太熙者，蓋感帝制之絶而特振之也。① 尊中國而正皇始。晋、宋卒不振，則曆數斷歸北朝，②以後魏孝文皇始年都洛陽，③得中國也。"

文中子曰："動失之繁，静失之寡。不得中。"

子曰："罪莫大於好進，進不以道。禍莫大於多言，言不以中。痛莫大於不聞過，自蔽。辱莫大於不知恥。自得。"

---

① "特"，原作"持"，據取瑟堂本、世德堂本與四庫薈要本改。

② "歸"，取瑟堂本與世德堂本作"陽"，四庫薈要本作"絕"。

③ "陽"，取瑟堂本、世德堂本與四庫薈要本作"歸"。

子曰:"天子之子,合冠而議封,年二十成人,始封之土。①知治而受職,齒胄學古。古之道也。此周制。"

薛收問政於仲長子光,子光曰:"舉一綱,衆目張,弛一機,萬事隳,引古語。②不知其政也。隱者言放。"收告文中子,子曰:"子光得之矣。得爲政之要也。"

文中子曰:"不知道,無以爲人臣,況君乎?君更須知道。"

子曰:"人不里居,地不井受,終苟道也,秦廢井田,開阡陌,意在徙豪傑,強本國,然棄禮義,起兼并,爲苟且之道。雖舜、禹不能理矣。如此,雖聖人復生,難矣。"

子曰:"政猛寧若恩,先恩臨之。法速寧若緩,緩,寬也。獄繁寧若簡,簡,不滋彰。臣主之際,其猜也寧信。并譏時。執其中者,惟聖人乎!聖人之道不難知,能行上四事則執中矣。"

子曰:"委任不一,亂之媒也;監察不止,奸之府也。隋由此亡。"裴晞聞之曰:"左右相疑,非亂乎?上下相伺,③非奸乎?古謂之蛇豕之政。噫,亡秦之罪也。言王道喪自秦始。"

杜淹問隱,子曰:"非伏其身而不見也,時命大謬則隱其德矣,惟有道者能之,故謂之退藏於密。有道謂知命。④"

杜淹曰:"《易》之興也,天下其可疑乎?故聖人得以隱。紂疑文王,則文王隱。"子曰:"顯仁藏用,中古之事也。演卦,顯也。就拘,藏也。"淹曰:"敢問藏之之説?"子曰:"泯其迹,閟其心,可以神會,難以事求,斯其説也。"又問道之旨,子曰:"非禮勿

---

① "土",世德堂本與四庫薈要本作"王"。
② "語"下,耿瑟堂本、世德堂本與四庫薈要本有"隳,翾規反"字。
③ "伺",四庫薈要本作"同"。
④ "知命",耿瑟堂本、世德堂本與四庫薈要本作"聖人"。

動,非禮勿視,非禮勿聽。"淹曰:"此仁者之目也。仲尼言仁。"子曰:"道在其中矣。道在仁中。"淹退謂如晦曰:"瞻之在前,忽然在後,信顔氏知之矣。知聖人道大,不可以語言執也。"

文中子曰:"四民不分,五等不建,六官不職,九服不序,皇《墳》、帝《典》不得而識矣。生民不復得識也。不以三代之法統天下,終危邦也。忠、敬、文,相循之法。如不得已,其兩漢之制乎?七制。不以兩漢之制輔天下者,誠亂也已。制度不立則亂。"

文中子曰:"仲尼之述,廣大悉備,歷千載而不用,悲夫!六經示後,而後世但習空文,不用其道,可悲惜。"仇璋進曰:"然夫子今何勤勤於述也?"子曰:"先師之職也,不敢廢,儒職在祖述。焉知後之不能用也?後必有聖人出,能用之。是藨是蓘,則有豐年。逸《詩》:"譬如農夫,是藨是蓘,雖有飢饉,必有豐年。①""

子謂薛收曰:"元魏已降,天下無主矣。無真主。開皇九載,人始一。平陳一統。先人有言曰:'敬其事者大其始,慎其位者正其名。'先人,謂銅川府君。此吾所以建議於仁壽也:開皇改仁壽。陛下真帝也,無踵僞亂,南北朝僞亂相繼。必紹周、漢,以土襲火,周木德,漢火德,隋當爲土德。色尚黄,數用五,除四代之法,四代謂北朝魏、周、齊,南朝陳也。以乘天命,時乘御天。千載一時,不可失也。高祖偉之而不能用,偉其文而已,不用其道。所以然者,吾庶幾乎周公之事矣,周公,聖人之時者也,故仲尼宗之。敬其事,大其始,②攝位則進,正名則退,公其心,私其迹,此周公之事也。文中子謂隋祖必敬其始,正其名。故《十二策》何先?必先

① "年"下,取瑟堂本、世德堂本與四庫薈要本有"藨,悲驕反。蓘,古本反"字。

② "大",取瑟堂本作"太",世德堂本與四庫薈要本作"正"。

《正始》者也。《正始》,策首篇名。”

魏永爲龍門令,永,未見。下車而廣公舍。子聞之曰:“非所先也。勞人逸己,胡寧是營?”永遽止,以謝子,子曰:“不勤不儉,無以爲人上也。終戒之。”

門人竇威、賈瓊、姚義受《禮》,温彦博、杜如晦、陳叔達受《樂》,杜淹、房喬、魏徵受《書》,李靖、薛方士、裴晞、王珪受《詩》,叔恬受《元經》,董常、仇璋、薛收、程元,備聞六經之義。《中説》終。

凝常聞,不專經者不敢以受也,經别有説,故著之。此太原府君王凝自記于《中説》之後也。

太原府君曰稱府君者,凝三子所記也:“文中子之教,不可不宣也。日月逝矣,不可使文中之後後裔。不達于兹也。”召三子而教之略例焉。《續經》略例。

太原府君曰“凝”,當居慄如也,子弟非公服不見,閨門之内若朝廷焉。昔文中子曰:“賢哉,凝也,權則未而可與立矣。”府君再拜曰:“謹受教。”非禮不動終身焉。

貞觀中,起家監察御史,劾奏侯君集有無君之心。天下稱其讜正,出爲胡蘇令。時杜淹爲御史大夫,王凝爲監察,①上言侯君集有反狀。太宗以君集有大功,未之信,而長孫無忌與君集善,乃與杜淹不協,而王凝貶出胡蘇令。胡蘇,漢東莞縣有胡蘇亭,隋置縣名,今屬棣州。② 及退,則鄉黨以穆,不得志於時,遂退。御家以四教:勤,儉,恭,恕。正家以四禮:冠,婚,喪,祭。士禮。三年之畜備,則散之親族。九年耕所儲畜。聖人之書及公服禮器不假。皆自

① “凝”,原作“疑”,據世德堂本與四庫薈要本改。
② “棣”,原作“隸”,據四庫薈要本改。按,隋開皇六年(586)置棣州。

足。垣屋什物必堅樸，曰："無苟費也。"門巷果木必方列，曰："無苟亂也。"事寡嫂以恭順著。文中子之室。與人不款曲，不受遺。非其力，非其禄，未嘗衣食。力，謂自耕桑者。饗食之禮，無加物焉，曰："及禮可矣。"居家不肉食，曰："無求飽。"一布被二十年不易，曰："無爲費天下也。"鄉人有誣其税者，一歲再輸。臨官，計日受俸。年逾七十，手不輟經。親朋有非義者，必正之，曰："面譽背毁，吾不忍也。"群居縱言，未嘗及人之短。常有不可犯之色，故小人遠焉。

杜淹曰："《續經》其行乎？"太原府君曰："王公大人最急也，先王之道，布在此矣。天下有道，聖人推而行之；天下無道，聖人述而藏之。所謂流之斯爲川焉，塞之斯爲淵焉。升則雲，施則雨，潛則潤，何往不利也？"太原府君曰："夫子得程、仇、董、薛而六經益明，對問之作，四生之力也。董、仇早殁，而程、薛繼殂，文中子之教，其未作矣。嗚呼！以俟來哲。"此并隱其意，肆其言，以傷河汾之教爲長孫無忌所抑，房、魏等不能振之也。

叙 篇

文中子之教，繼素王之道，故以《王道篇》爲首。古先聖王，俯仰二儀，必合其德，故次之以《天地篇》。天尊地卑，君臣立矣，故次之以《事君篇》。事君法天，莫如周公，故次之以《周公篇》。周公之道，蓋神乎《易》中，故次之以《問易篇》。《易》者，教化之原也，教化莫大乎禮樂，故次之以《禮樂篇》。禮樂彌文，著明則史，故次之以《述史篇》。興文立制，燮理爲大，惟魏相有焉，故次之以《魏相篇》。夫陰陽既燮，則理性達矣，窮理盡性以至於命，故次之以《立命篇》。通性命之説者，非《易》安能至乎？關氏，《易》之深者也，故次之《關朗篇》終焉。

文中子世家

杜淹　撰

文中子，王氏，諱通，字仲淹。其先漢徵君霸，絜身不仕。十八代祖殷，雲中太守，家於祁，以《春秋》、《周易》訓鄉里，爲子孫資。十四代祖述，克播前烈，①著《春秋義統》，公府辟，不就。九代祖寓，遭愍懷之難，遂東遷焉。寓生罕，②罕生秀，皆以文學顯。秀生二子，長曰玄謨，次曰玄則。玄謨以將略升，玄則以儒術進。玄則字彦法，即文中子六代祖也，仕宋，歷太僕、國子博士。常歎曰："先君所貴者禮樂，不學者軍旅，兄何爲哉？"遂究道德，考經籍，謂功業不可以小成也，故卒爲洪儒；卿相不可以苟處也，故終爲博士。曰："先師之職也，不可墜。"故江左號"王先生"，受其道曰"王先生業"，於是大稱儒門，世濟厥美。先生生江州府君焕，焕生虬。虬始北事魏，太和中爲并州刺史，家河汾，曰晉陽穆公。穆公生同州刺史彦，曰同州府君。彦生濟州刺史一，曰安康獻公。安康獻公生銅川府君，諱隆，字伯高，文中子之父也。傳先生之

---

① "烈"，取瑟堂本、世德堂本與四庫薈要本作"列"。
② "寓"，四庫薈要本作"寓"。

業，教授門人千餘。隋開皇初，以國子博士待詔雲龍門。時國家新有揖讓之事，方以恭儉定天下，帝從容謂府君曰："朕何如主也？"府君曰："陛下聰明神武，得之於天，發號施令，不盡稽古。雖負堯、舜之姿，終以不學爲累。"帝默然，曰："先生，朕之陸賈也，何以教朕？"府君承詔，著《興衰要論》七篇，每奏，帝稱善，然未甚達也。府君出爲昌樂令，遷猗氏、銅川，所治著稱，秩滿退歸，遂不仕。開皇四年，文中子始生。銅川府君筮之，遇《坤》之《師》，獻兆于安康獻公。獻公曰："素王之卦也，何爲而來？地二化爲天一，上德而居下位，能以衆正，可以王矣，雖有君德，非其時乎，是子必能通天下之志。"遂名之曰"通"。

開皇九年，江東平。銅川府君歎曰："王道無叙，天下何爲而一乎？"文中子侍側，十歲矣，有憂色，曰："通聞古之爲邦，有長久之策，故夏、殷以下數百年，四海常一統也。後之爲邦，行苟且之政，故魏、晋以下數百年，九州無定主也。上失其道，民散久矣，一彼一此，何常之有？夫子之歎，蓋憂皇綱不振，生人勞於聚斂，而天下將亂乎？"銅川府君異之，曰："其然乎！"遂告以《元經》之事，文中子再拜受之。十八年，銅川府君宴居，歌《伐木》而召文中子。子矍然再拜："敢問夫子之志何謂也？"銅川府君曰："爾來自天子至庶人，未有不朋友而成者也。在三之義，師居一焉，道喪已來，斯廢久矣，然何常之有？小子勉旃，翔而後集。"文中子於是有四方之志，蓋受《書》於東海李育，學《詩》於會稽夏琠，問《禮》於河東關子明，正《樂》於北平霍汲，考《易》於族父仲華，不解衣者六歲，其精志如此。仁壽三年，文中子冠矣，慨然有濟蒼生之心，西游長安，見隋文帝。帝坐太極殿召見，因奏《太平策》十有二策，尊王道，推霸略，稽今驗古，恢恢乎運天下於指掌矣。帝大悦，曰："得生幾晚矣，天以生賜朕也。"下其議於公卿，公卿不悦。時將有蕭牆之釁，文中子知謀之不用也，作《東征》之歌而歸，曰："我思國家兮遠游京畿，忽逢帝王兮降禮布衣。遂懷古人之心兮，將興太平之基。時異事變兮，志乖願違，吁嗟道之不行兮，垂翅東歸。皇之不斷兮，勞身西飛。"帝聞而再徵之，不至。四年，帝崩。大業元年，一徵又不至，辭以疾，謂所親曰："我周人也，家于祁。永嘉之亂，蓋東遷焉。高祖穆公始事魏，魏、周之際，有大功於生人，天子錫之地，始家于河汾，故有墳隴於兹四代矣。兹土也，其人憂深思遠，乃有陶唐氏之遺風，先君之所懷也。有弊廬在，[1]茅檐土階，撮如也。道之不行，欲安之乎？退志其道而已。"乃續《詩》、《書》，正《禮》、《樂》，修《元經》，讚《易》道，九年而六經大就。門人自遠而至，河南董常、太山姚義、京兆杜淹、趙郡李靖、南陽程元、扶風竇威、河東薛收、中山賈瓊、清河房玄齡、鉅鹿魏徵、太原温大雅、穎川陳叔達等，咸稱師北面，受王佐之道焉。如往來受業者，不可勝數，蓋千餘人。隋季，文中子之教興於河汾，雍雍如也。大業十年，尚書召署蜀郡司户，不就。十一年，以著作郎、國子博士徵，并不至。十三年，江都難作，子有疾，召薛收謂曰："吾夢顔回稱孔子之命曰'歸休乎'，此殆夫子召我也。何必永厥齡？吾不起矣。"寢疾，七日而終。門弟子數百人會議曰："吾師其至人乎！自仲尼已來，未之有也。禮：男子生有字，所以昭德；死有謚，所以易名。夫子生當天下亂，莫予宗之，故續《詩》、《書》，正《禮》、《樂》，修《元經》，讚

① "弊"，四庫薈要本作"敝"。

《易》道，聖人之大旨、天下之能事畢矣。仲尼既没，文不在兹乎？《易》曰‘黄裳元吉，文在中也’，請謚曰‘文中子’。”絲麻設位，哀以送之。禮畢，悉以文中子之書還于王氏，《禮論》二十五篇，列爲十卷；《樂論》二十篇，列爲十卷；《續書》一百五十篇，列爲二十五卷；《續詩》三百六十篇，列爲十卷；《元經》五十篇，列爲十五卷；《贊易》七十篇，列爲十卷。并未及行，遭時喪亂，先夫人藏其書于篋笥，東西南北，未嘗離身。大唐武德四年，天下大定，先夫人返于故居，又以書授于其弟凝。文中子二子，長曰福郊，少曰福時。

録唐太宗與房魏論禮樂事

大唐龍飛，宇内樂業，文中子之教未行于時，後進君子鮮克知之。貞觀中，魏文公有疾，仲父太原府君問候焉。留宿宴語，中夜而歎，太原府君曰："何嘆也？"魏公曰："大業之際，徵也嘗與諸賢侍文中子，謂徵及房、杜等曰：'先輩雖聰明特達，然非董、薛、程、仇之比，雖逢明王，必愧禮樂。'徵于時有不平之色，文中子笑曰：'久久臨事，當自知之。'及貞觀之始，諸賢皆亡，而徵也、房、李、温、杜獲攀龍鱗，朝廷大議，未嘗不參預焉。上臨軒謂群臣曰：'朕自處蕃邸，及當宸極，卿等每進諫正色，咸云嘉言良策，患人主不行；若行之，則三皇不足四，五帝不足六。朕誠虚薄，然獨斷亦審矣。雖德非徇齊明，謝濬哲，至於聞義則服，庶幾乎古人矣。諸公若有長久之策，一一陳之，無有所隱。'房、杜等奉詔，舞蹈讚揚帝德，上曰'止'，引群公内宴。酒方行，上曰：'設法施化，貴在經久。秦、漢已下，不足襲也。三代損益，何者爲當？卿等悉心以對，不患不行。'是時群公無敢對者。徵在下坐，爲房、杜所目，因越席而對曰：'夏、殷之禮，既不可詳，忠、敬之化，空聞其説。孔子曰："周監二代，郁郁乎文哉！吾從周。"《周禮》，公旦所裁，《詩》、《書》，仲尼所述，雖綱紀頹缺而節制具焉。荀、孟陳之於前，董、賈伸之於後，遺談餘義，可舉而行。若陛下重張皇墳，更造帝典，則非駑劣所能議及也。若擇前代憲章，發明王道，則臣請以周典，唯所施行。'上大悦。翌日，又召房、杜及徵俱入，上曰：'朕昨夜讀《周禮》，真聖作也。首篇云："惟王建國，辨方正位，[1]體國經野，設官分職，以爲民極。[2]"誠哉深乎！'良久，謂徵曰：'朕思之，不井田，不封建，不肉刑，而欲行周公之道，不可得也。大《易》之義，隨時順人，周任有言，陳力就列。若能一一行之，誠朕所願，如或不及，強希大道，畫虎不成，爲將來所笑，公等可盡慮之。'因詔宿中書省，會議數日，卒不能定。而徵尋請退，上雖不復揚言，而閒宴之次謂徵曰：'禮壞樂崩，朕甚憫之。昔漢章帝眷眷於張純，今朕急急於卿等。有志不就，古人攸悲。'徵跪奏曰：'非陛下不能行，蓋臣等無素業爾，何愧如之！然漢文以清靜富邦家，孝宣以章程練名實，光武責成委吏功臣獲全，肅宗重學尊師儒風大舉，陛下明德獨茂兼而有焉，雖未冠三代，亦千載一時。惟陛下雖休勿休，則禮樂度數，徐思其宜，教化之行，何慮晚也？'上曰：'時難得而易失，朕所以遑遑也。卿退，無有後言。'徵與房、杜等并惭慄，再拜而出。房謂徵曰：'玄齡與公竭力輔國，然言及禮樂，則非命世大才，不足以望陛下清光矣。昔文中子不以禮樂賜予，良有以也。向使董、薛在，適不至此。噫，有元首無股肱，不無可嘆也。'"十七年，魏公薨，太原府君哭之慟。十九年，授余以《中説》，又以魏公之言告予，因叙其事。時貞觀二十年九月記。

---

① "辨"，原作"辯"，取瑟堂本與世德堂本作"辨"，據四庫薈要本改。按，《周礼》原文如此。

② "民"，原作"人"，避唐太宗"李世民"諱，回改。

東皋子答陳尚書書

福時　録

東皋先生諱績，字無功，文中子之季弟也，棄官不仕，耕于東皋，自號"東皋子"。貞觀初，仲父太原府君爲監察御史，彈侯君集，事連長孫太尉，由是獲罪。時杜淹爲御史大夫，密奏仲父直言非辜，於是太尉與杜公有隙，而王氏兄弟皆抑而不用矣。季父與陳尚書叔達相善，陳公方撰《隋史》，季父持《文中子世家》與陳公編之，陳公亦避太尉之權，藏而未出，重重作書遺季父，深言勤懇。季父答書，其略曰："亡兄昔與諸公游，其言皇王之道至矣。僕與仲兄侍側，頗聞大義。亡兄曰：'吾，周之後也，世習禮樂，子孫當遇王者，得申其道，則儒業不墜，其天乎，其天乎！'時魏文公對曰：'夫子有後矣，天將啓之。徵也儻逢明王，①願翼其道，無敢忘之。'及仲兄出胡蘇令，杜大夫嘗於上前言其樸忠。太尉聞之怒，而魏公適入奏事，見太尉，魏公曰：'君集之事果虚耶，御史當反其坐；果實耶，太尉何疑焉？'於是意稍解。然杜與仲父抗志不屈，魏公亦退朝默然。其後君集果誅。且吾家豈不幸而爲多言見

---

① "王"，取瑟堂本與世德堂本作"主"。

窮乎？抑天實未啓其道乎？僕今耕于野有年矣，無一言以裨于時，無一勢以托其迹，没齒東皋，醉醒自適而已。然念先文中之述作，門人傳受升堂者半在廊廟，《續經》及《中説》未及講求而行。嗟乎！足下知心者，顧僕何爲哉？願記亡兄之言，庶幾不墜，足矣。謹録《世家》寄去，餘在福郊面悉其意。幸甚，幸甚！①”

① “幸甚”，世德堂本與四庫薈要本無此字。

録關子明事

王福畤

關朗，字子明，河東解人也，有經濟大器，妙極占算，浮沈鄉里，不求官達。太和末，余五代祖穆公封晋陽，尚書署朗爲公府記室。穆公與談《易》，各相嘆服。穆公謂曰："足下奇才也，不可使天子不識。"入言于孝文帝，帝曰："張彝、郭祚嘗言之，朕以卜算小道，不之見爾。"穆公曰："此人道微言深，殆非彝、祚能盡識也。"詔見之，帝問《老》、《易》，朗寄發明玄宗，[1]實陳王道，諷帝慈儉爲本，飾之以刑政禮樂。帝嘉嘆，謂穆公曰："先生知人矣！昨見子明，管、樂之器，豈占算而已？"穆公再拜，對曰："昔伊尹負鼎干成湯，今子明假占算以謁陛下。臣主感遇，自有所因，後宜任之。"帝曰："且與卿就成筮論。"既而頻日引見，際暮而出。會帝有烏丸之役，敕子明隨穆公出鎮并州，軍國大議，馳驛而聞，故穆公易筮往往如神。先是，穆公之在江左也，不平袁粲之死，恥食齊粟，故蕭氏受禪而穆公北奔，即齊建元元年，魏太

① "寄"，四庫薈要本作"遂"。

和三年也。[①] 時穆公春秋五十二矣，奏事曰“大安四載，微臣始生”，蓋宋大明二年也。既北游河東，人莫之知，惟盧陽烏深奇之，曰：“王佐才也。”太和八年，徵爲秘書郎，遷給事黄門侍郎，以謂孝文有康世之意，而經制不立，從容閒宴，多所奏議，帝虚心納之。遷都洛邑，進用王肅，由穆公之潛策也。[②] 又薦關子明，帝亦敬服，謂穆公曰：“嘉謀長策，勿慮不行，朕南征還日，當共論道，以究治體。”穆公與朗欣然相賀曰：“千載一時也。”俄帝崩，穆公歸洛，逾年而薨，朗遂不仕。同州府君師之，受《春秋》及《易》，共隱臨汾山。景明四年，同州府君服闋，援琴切切然有憂時之思。子明聞之曰：“何聲之悲乎？”府君曰：“彦誠悲先君與先生有志不就也。”子明曰：“樂則行之，憂則違之。”府君曰：“彦聞治亂損益，各以數至，苟推其運，百世可知。願先生以筮一爲決之，何如？”子明曰：“占算幽微，多則有惑。請命蓍卦，以百年爲斷。”府君曰：“諾。”於是揲蓍布卦，遇《夬》之《革》，䷪，兑上乾下。䷰，兑上离下。捨蓍而嘆曰：“當今大運，不過一再傳爾，[③]從今甲申二十四歲，戊申大亂，而禍始宫掖，有蕃臣秉政，世伏其強，若用之以道，則桓、文之舉也，如不以道，臣主俱屠地。”府君曰：“其人安出？”朗曰：“參代之墟，有異氣焉，若出，其在并之郊乎？”府君曰：“此人不振，蒼生何屬？”子曰：“當有二雄舉而中原分。”府君曰：“各能成乎？”朗曰：“我隙彼動，能無成乎？若無賢人扶之，恐不能成。”府君

① “太”，原作“大”，據取瑟堂本、世德堂本與四庫薈要本改。
② “由”，四庫薈要本作“田”。
③ “一”，原作“二”，據四庫薈要本改。

曰："請刻其歲。"朗曰："始於甲寅，卒於庚子，天之數也。"府君曰："何國先亡？"朗曰："不戰德而用詐權，則舊者先亡也。"府君曰："其後如何？"朗曰："辛丑之歲，有恭儉之主起布衣而并六合。"府君曰："其東南乎？"朗曰："必在西北。平大亂者，未可以文治，必須武定，且西北用武之國也。東南之俗，其弊也剽，西北之俗，其興也勃。又況東南，中國之舊主也，中國之廢久矣，天之所廢，孰能興之？"府君曰："東南之歲可刻乎？"朗曰："東南運曆不出三百，大賢大聖，不可卒遇，能終其運，所幸多矣。且辛丑明王當興，定天下者，不出九載。己酉，江東其危乎！"府君曰："明王既興，其道若何？"朗曰："設有始有卒，五帝三王之化復矣。若非其道，則終驕亢而晚節末路有桀紂之主出焉。先王之道，墜地久矣，苛化虐政，其窮必酷。故曰大軍之後，必有凶年；積亂之後，必有凶主，理當然也。"府君曰："先王之道竟亡乎？"朗曰："何謂亡也？夫明王久曠，必有達者生焉，行其典禮，此三才五常之所繫也。孔子曰：'文王既没，文不在兹乎！'故王道不能亡也。"府君曰："請推其數。"朗曰："乾坤之策，陰陽之數，推而行之，不過三百六十六，引而伸之，不過三百八十四，天之道也。噫，朗聞之，先聖與卦象相契。自魏已降，天下無真主，故黄初元年庚子至今，二百八十四年，①更八十二年丙午，三百六十六矣，達者當生。更十八年甲子，其與王者合乎！用之則王道振，不用，洙泗之教修矣！"府君曰："其人安出？"朗曰："其唐晋之郊乎？昔殷後不王而仲

① "二百"，原脱，據四庫薈要本補。

尼生周,周後不王則斯人生晋。夫生於周者,周公之餘烈也;生於晋者,陶唐之遺風也。天地冥契,其數自然。"府君曰:"厥後何如?"朗曰:"自甲申至甲子,正百年矣,過此未或知也。"府君曰:"先生説卦,皆持二端。"朗曰:"何謂也?"府君曰:"先生每及興亡之際,必曰'用之以道,輔之以賢,未可量也',是非二端乎?"朗曰:"夫象生有定數,吉凶有前期,變而能通,故治亂有可易之理。是以君子之於《易》,動則觀其變而玩其占,①問之而後行,考之而後舉,欲令天下順時而進,知難而退,此占算所以見重於先王也。故曰危者使平,易者使傾,②善人少,惡人多,暗主衆,明君寡,堯、舜繼禪,歷代不逢,伊、周復辟,近古亦絶,非運之不可變也,化之不可行也。道悠世促,求才實難,或有臣而無君,或有君而無臣,故全之者鮮矣。仲尼曰'如有用我者,吾其爲東周乎',此有臣而無君也。章帝曰'堯作《大章》,一夔足矣',此有君而無臣也。是以文、武之業遂淪於仲尼,禮樂之美不行於章帝。治亂之漸,必有厥由;而興廢之成,終罕所遇。《易》曰'功業見乎變',此之謂也。何謂無二端?"府君曰:"周公定鼎於郏、鄏,卜世三十,卜年八百,豈亦二端乎?"朗曰:"聖人輔相天地,準繩陰陽,③恢皇綱,立人極,修策迴馭,長羅遠羈,昭治亂於未然,算成敗於無兆,固有不易之數,不定之期。假使庸王守之,④賊臣犯之,終不促已成

① "玩",取瑟堂本作"玷"。
② "傾",取瑟堂本與世德堂本作"頌"。
③ "繩",原作"純",據取瑟堂本、世德堂本與四庫薈要本改。
④ "王",取瑟堂本、世德堂本與四庫薈要本作"主"。

之期于未衰之運。故曰：'周德雖衰，天命未改。'聖人知明王賢相不可必遇，聖謀睿策有時而弊，故考之典禮，稽之龜策，即人事以申天命，懸曆數以示將來。或有已盛而更衰，或有過算而不及，是故聖人之法，所可貴也。向使明王繼及，良佐踵武，則當億萬斯年，與天無極，豈止三十世、八百年而已哉？過算餘年者，非先王之功，即桓、文之力也。天意人事，豈徒然哉！"府君曰："龜策不出聖謀乎？"朗曰："聖謀定將來之基，龜策告未來之事，遞相表裏，安有異同？"府君曰："大哉，人謨！"朗曰："人謀所以安天下也。夫天下，大器也，置之安地則安，置之危地則危。是以平路安車，狂夫審乎難覆；乘奔馭朽，童子知其必危。豈有周禮既行，曆數不延乎八百，秦法既立，宗祧能逾乎二世？噫，天命人事，其同歸乎！"府君曰："先生所刻治亂興廢，果何道也？"朗曰："文質遞用，勢運相乘。稽損益以驗其時，百代無隱；考龜策而研其慮，千載可知。未之思歟，夫何遠之有？"府君蹶然驚起，因書策而藏之，退而學《易》，蓋王氏易道宗於朗焉。其後宣武正始元年，歲次甲申，至孝文永安元年二十四歲戊申，而胡后作亂爾，朱榮起并州，君臣相殘，繼踵屠地，及周、齊分霸，卒并於西。始於甲寅，終於庚子，皆如其言。明年辛丑歲，隋高祖受禪，果以恭儉定天下。開皇元年，安康獻公老于家，謂銅川府君曰："關生殆聖矣，其言未來，若合符契。"開皇四年，銅川夫人經山梁履巨石而有娠，既而生文中子。先丙午之期者二載爾，獻公筮之曰："此子當之矣。"開皇六年丙午，文中子知《書》矣，厥聲載路。九年己酉，江東平，高祖之政始。迨仁壽四年甲子，文中子謁見高祖，而道不行。大業之政，甚於桀、紂。於是文中子曰："不可以有爲矣。”遂退居汾陽，續《詩》、《書》，論《禮》、《樂》。江都失守，文中子寢疾，嘆曰：“天將啓堯舜之運而吾不遇焉，嗚呼！”此關先生所言皆驗也。貞觀二十三年正月序。[①]

① “貞觀二十三年正月序”，取瑟堂本、世德堂本與四庫薈要本無此字。

王氏家書雜録[①]

王福畤　撰

太原府君諱凝，字叔恬，文中子亞弟也。貞觀初，君子道亨，我先君門人布在廊廟，將播厥師訓，施于王道，遂求其書于仲父。仲父以編寫未就，不之出，故六經之義，代莫得聞。仲父釋褐爲監察御史時，御史大夫杜淹謂仲父曰："子，聖賢之弟也，有異聞乎？"仲父曰："凝忝同氣，昔亡兄講道河汾，亦嘗預於斯。然六經之外，無所聞也。"淹曰："昔門人咸存記焉。蓋薛收、姚義綴而名曰《中説》。玆書，天下之昌言也，微而顯，曲而當，旁貫大義，宏闡教源，門人請問之端，文中行事之迹，則備矣，子盍求諸家？"仲父曰："凝以喪亂以來，未遑及也。"退而求之，得《中説》一百餘紙，大底雜記，不著篇目，首卷及《序》則蠹絶磨滅，未能詮次。會仲父黜爲胡蘇令，嘆曰："文中子之教，不可不宣也。日月逝矣，歲不我與。"乃解印而歸，大考六經之目繕録焉。[②]《禮論》、《樂論》，各亡其五篇，《續詩》、《續書》，各亡小序，惟《元經》、《贊易》具存焉，得六百

---

① "雙鑒樓本"無此篇，據世德堂本補。

② "目"，取瑟堂本無此字。

六十五篇，勒成七十五卷，分爲六部，號曰“王氏六經”。仲父謂諸子曰：“大哉！兄之述也。以言乎皇綱帝道則大明矣，以言乎天地之間則無不至焉。自《春秋》以來，未有若斯之述也。”又謂門人曰：“不可使文中之後不達于兹也。”乃召諸子而授焉。貞觀十六年，余二十一歲，受六經之義，三年頗通大略。嗚呼，小子何足以知之而有志焉。十九年，仲父被起爲洛州録事，又以《中説》授余曰：“先兄之緒言也。”余再拜，曰：“《中説》之爲教也，務約致深，言寡理大，其比方《論語》之記乎！孺子奉之，無使失墜。”余因而辨類分宗，編爲十編，勒成十卷。其門人弟子姓字本末，則訪諸紀牒，[①]列於外傳，以備宗本焉。且《六經》、《中説》，于以觀先君之事業，建義明道，垂則立訓，知文中子之所爲者，其天乎！年序浸遠，朝廷事異，同志淪殂，帝閽攸邈，文中子之教，抑而未行。吁，可悲哉，空傳子孫以爲素業云爾。時貞觀二十三年正月序。

① “牒”，原作“諜”，據取瑟堂本與“四庫會要本”改。

錢謙益跋

文中子《中説》,此爲宋刻善本。今世行本出安陽崔氏者,經其刊定,駁亂失次,不復可觀。今人好以己意改竄古書,雖賢者不免,可嘆也。

文中子序述六經,爲洙泗之宗子。有宋鉅儒,自命得不傳之學,禁遏之如石壓笋,使不得出,六百餘年矣。斯文未喪,當有如皮襲美、司空表聖其人者,表章其遺書,以補千古之闕,惜吾老矣,不能任也,書此以告後之君子。玄黓攝格之歲陬月四日,蒙叟錢謙益書,時年八十有一。

陳衍跋

壬戌冬月，避兵上海，因至京師，晤沅叔，略觀所臧宋本、元善本。既爲題元本《資治通鑑》一長句，以此書乃福建人所注，借歸翻閱，作一提要，以入吾所纂新《通志·藝文志》中。客中無别本，亦無閒，不能爲校一過，殊呼負負。石遺老人識。

俞陛雲等跋

乙酉三月二十日，蓬山話舊第十二集，藏園主人出示此本。德清俞陛雲、杭邵章、靜海高毓浵、桂林張書雲、貴陽邢端、侯官郭則澐、易水陳雲誥同觀并識。

附録

《中説》提要[1]

臣等謹案:《中説》十卷,舊本題隋王通撰。《唐志》文中子《中説》五卷,《通考》及《玉海》作十卷,與今本合。凡十篇,末附《序篇》一篇及杜淹所撰《文中子世家》一篇、通子福時《録唐太宗與房魏論禮樂事》一篇、通弟績《與陳叔達書》一篇,又《録關子明事》一篇,卷首有阮逸序,末有福時貞觀二十三年序。晁公武《郡齋讀書志》嘗辨所載李德林、關朗、薛道衡、薛收事,證以史傳,無不乖舛,其説極爲精核。今考通以仁壽四年自長安東歸河汾,即不復出,故《文中子世家》亦云"大業元年,一徵又不至",而《周公篇》乃云"子游太樂,聞龍舟五更之曲",阮逸注:"太樂,樂署,煬帝將游江都,作此曲。"《隋書·職官志》曰太常寺有太樂署,是通大業末年復至長安矣。是亦謬妄之一證也。阮逸序謂淹曾序《中説》,今考淹所著《世家》,歷序著《禮論》、《樂論》、《續書》、《續詩》、《元經》、《贊易》凡六種,而不及《中説》。又福時序謂淹索《中説》於仲父凝,凝追而求之,始得百餘紙,不著篇目,未能詮次;至貞觀

---

① 據四庫薈要本抄録。

十九年，凝始授福時，福時始編次爲十卷，則《中説》之稿初未與淹，況淹卒於貞觀三年，越十六年《中説》尚未及編輯成本，淹又何從序之？其爲牴牾，亦灼然可見。故晁公武疑此書爲阮逸僞作。今考《劉禹錫集・王質神道碑》稱質曾祖勉爲文中子之孫，并稱隋朝諸儒惟通能明王道，隱居白牛谿，游其門者皆天下儁傑，著書行於世。又《李翺集・與梁載言書》稱太公《家訓》、王氏《中説》，則實有其人其書，非盡出贋造。朱子謂是書假卜筮，象魯《論》而强引唐初文武名臣以爲弟子，乃福郊、福時之所爲，其言近是。況邵伯温《聞見前録》載逸僞撰《元經薛氏傳》、《關子明易傳》、《李衛公問對》三書而不及《中説》，而宋咸辨《文中子》一書年代稍在逸前，尤爲確證，固不得以逸善作僞，概以歸之矣。

乾隆四十二年九月，恭校上。

總纂官臣紀昀、臣陸錫熊、臣孫士毅，總校官臣陸費墀。